Índice

A VERDADE SOBRE AS DIETAS
Mais de 50 questões fundamentais
para ter sucesso no emagrecimento
e manter o peso ideal

04

AFINAL, VOCÊ ESTÁ MESMO OBESO?

08

53

TESTES
Meça seus conhecimentos sobre dietas

59

DICAS RÁPIDAS E PRÁTICAS
Mas que ajudam você na vitória contra o aumento de peso

63 **15 MITOS SOBRE DIETAS**
A verdade sobre as crenças mais relevantes acerca das dietas

73 **10 MITOS SOBRE BEBIDAS E ALIMENTOS REFERENDADOS PARA PERDER PESO**
Nem tudo o que se afirma é verdade

" Para emagrecer, não tem que passar fome. É possível manter o peso sem deixar de comer o que você gosta."

Editorial

A obesidade, há algumas décadas, era sinônimo de quem comia demais.

Com o tempo, o número de obesos aumentou tanto que começou a se destacar nas estatísticas. Segundo a Organização Mundial de Saúde (OMS), em 2015 o mundo deverá ter 2,3 bilhões de pessoas com sobrepeso e mais de 700 milhões serão obesos.

No Brasil, cerca de 40% da população (mais de 81 milhões de pessoas) está acima do peso, com risco de adquirir outras doenças relacionadas à obesidade, como doenças cardíacas e outras.

O número de obesos aumentou muito em pouco tempo. Já não é mais só resultado de quem abusou da comida. Hoje, obesidade é tratada como uma doença que precisa ser controlada para a vida toda. O estilo de vida corrido e os hábitos alimentares foram mudando, e é preciso, agora, cada vez mais, voltar a buscar hábitos mais saudáveis. Estar acima do peso também afeta a autoestima e o relacionamento com outras pessoas.

Este livro esclarece as dúvidas mais comuns sobre *diet*as e tratamentos para obesidade. Por meio de pesquisas e entrevistas com profissionais experientes, você estará mais preparado para dar os primeiros passos para perder peso, em busca de uma vida mais saudável.

Dario Chaves
Editor responsável

ATENÇÃO!

Todas as recomendações sobre consumo de alimentos contidas neste livro são com base em uma população adulta saudável, e não necessariamente são indicadas para todas as pessoas. Para uma orientação alimentar adequada de acordo com condições específicas de cada indivíduo, a determinação de um nutricionista sempre deverá prevalecer. Além disso, todo consumo excessivo de qualquer alimento deve ser evitado.

Os especialistas entrevistados nesta edição não necessariamente corroboram as informações presentes nos demais textos desta publicação.

A Verdade Sobre as Dietas

Afinal, você está mesmo Obeso?

Para saber se de fato você está com algum grau de sobrepeso, vamos começar avaliando seu quadro físico. Primeiro, é necessário checar a relação peso/altura e, a seguir, o Índice de Massa Corporal.

Afinal, você está mesmo obeso?

... Você está com o peso ideal?

Confira na tabela abaixo o seu peso adequado de acordo com sua altura.

homens

ALTURA (m)	PESO IDEAL (kg)
1,58	61,9
1,59	62,2
1,60	62,6
1,61	63,3
1,62	63,6
1,63	64,1
1,64	64,1
1,65	64,5
1,66	65,0
1,67	67,0
1,68	65,0
1,69	66,5
1,70	67,0
1,71	67,5
1,72	68,1
1,73	68,6
1,74	69,1
1,75	69,6
1,76	70,2
1,77	70,8
1,78	71,3
1,79	71,9
1,80	72,4
1,81	73,0
1,82	73,6
1,83	74,2
1,84	74,8
1,85	75,6
1,86	76,1
1,87	76,8
1,88	77,5
1,89	78,2
1,90	78,8
1,91	79,5
1,92	80,3
1,93	81,2

mulheres

ALTURA (m)	PESO IDEAL (kg)
1,48	52,3
1,49	52,7
1,50	53,1
1,51	53,5
1,52	54,0
1,53	54,5
1,54	54,9
1,55	55,4
1,56	55,9
1,57	56,4
1,58	57,0
1,59	57,5
1,60	58,0
1,61	58,5
1,62	59,1
1,63	59,6
1,64	60,2
1,65	60,7
1,66	61,3
1,67	61,8
1,68	62,3
1,69	62,9
1,70	63,4
1,71	63,9
1,72	64,4
1,73	65,0
1,74	65,5
1,75	66,0
1,76	66,6
1,77	67,2
1,78	67,7
1,79	68,4
1,80	68,7
1,81	69,3
1,82	69,8
1,83	70,3

A Verdade Sobre as Dietas

... Calcule seu Índice de Massa Corporal (IMC)

O Índice de Massa Corporal é um dos principais métodos de avaliação das condições de peso de uma pessoa. O valor do IMC é obtido dividindo-se o peso pelo quadrado da altura.

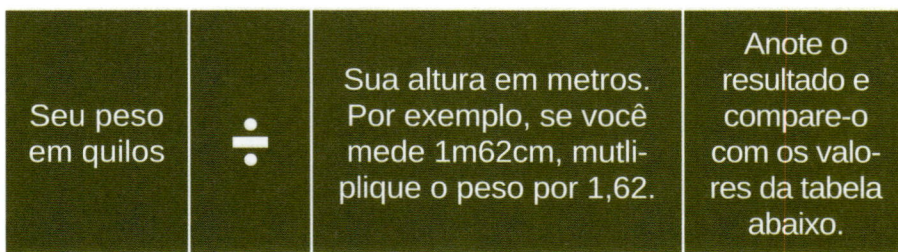

| Seu peso em quilos | ÷ | Sua altura em metros. Por exemplo, se você mede 1m62cm, multiplique o peso por 1,62. | Anote o resultado e compare-o com os valores da tabela abaixo. |

... Confira o diagnóstico com base na tabela abaixo:

Valor do IMC	Diagnóstico	Avaliação de risco
até 18,5	Baixo peso	
de 18,6 a 24,9	Peso normal	
de 25 a 29,9	Sobrepeso (pré-obesidade)	Situação de alerta
de 30 a 34,9	Obesidade leve	Moderado
de 35 a 39,9	Obesidade moderada	Grave
de 40 a 49,9	Obesidade severa	Muito grave
50 ou mais	Superobesidade	Gravíssimo

OBS.: O Índice de Massa Corporal não é indicado para avaliação de crianças, idosos e pessoas muito musculosas. Também grupos étnicos diversos podem necessitar de avaliações específicas.

Afinal, você está mesmo obeso?

Se os números que você obteve não parecem muito bons, não se preocupe! Significa apenas que é hora de você dar mais atenção à sua saúde. Consulte seu médico ou nutricionista para elaborar o melhor tratamento de acordo com sua condição física e metabólica.

"*O número de calorias adequado para quem quer emagrecer depende do peso e da atividade física, e deve ser suficiente para se perder até no máximo meio quilo por semana (nas primeiras semanas, a perda de peso pode ser maior porque o corpo perde muito líquido no início do regime). O nível de calorias deve ser indicado por um nutricionista. Se selecionado ao acaso, pode prejudicar o ritmo de perda de peso recomendado e levar a um emagrecimento que não é saudável.*"

A verdade sobre as Dietas

Mais de 50 questões fundamentais para ter sucesso no emagrecimento e manter o peso ideal

Dra. Lilian Kanda Morimitsu

A Dra. Lilian Kanda Morimitsu nos revela que há estudos que indicam que a obesidade que começa na infância certamente tem origem nos pais – portanto, o fator genético é um forte determinante para a obesidade infantil. Mas os hábitos alimentares dos pais também influenciam no que a criança come.

A Verdade Sobre as Dietas

1 **O excesso de peso sempre deve ser considerado como doença crônica e tratado pelo resto da vida? Tem cura?**

••• **Lilian** | *Sim, o excesso de peso deve ser considerado como doença crônica e tratado pelo resto da vida. Há a possibilidade de o indivíduo adquirir novos hábitos, mas a possibilidade de retomar os antigos sempre existe. Há a necessidade de uma vigilância constante com relação à alimentação e atividade física. Não se pode dizer que existe cura, e sim controle.*

2 **Como saber se a causa do ganho de peso é algum problema hormonal?**

••• **Lilian** | *O paciente deve procurar um médico para realizar exames e verificar se não existe algum outro problema hormonal que possa colaborar com a obesidade. Hipotireoidismo, Doença de Cushing, acromegalia e síndrome dos ovários policísticos são algumas alterações hormonais que podem causar e acompanhar a obesidade.*

Dra. Lilian Kada Morimitsu é médica endocrinologista do Hospital Santa Cruz de São Paulo (www.hospitalsantacruz.com.br). Mestre em Endocrinologia pela Escola Paulista de Medicina, médica endocrinologista pela Sociedade Brasileira de Endocrinologia e Metabologia. Contato: (11) 5080-2002.

> " *O excesso de peso deve ser considerado como doença crônica e tratado pelo resto da vida.*"
>
> *Dra. Lilian Kada*

A Verdade Sobre as Dietas

3 Tirar os carboidratos do prato para emagrecer pode ser prejudicial à saúde? Por quanto tempo se pode fazer isso? Quais são os danos potenciais ao organismo?

••• Lilian | *A dieta que restringe totalmente os carboidratos pode ser prejudicial se utilizada por um período maior do que 15 dias sem pausa.*

Os carboidratos são as principais fontes de energia do corpo. A restrição total deles pode causar fraqueza, tonturas e até desmaios. Com o consumo insuficiente de carboidratos o corpo tende a converter gordura em energia, acarretando na liberação de corpos cetônicos, componentes que, em altos níveis, podem ser prejudiciais às células.

A orientação de consumir somente alimentos de origem animal, como carnes (principalmente as vermelhas, ricas em gorduras) e produtos lácteos, faz com que a quantidade de gordura saturada e colesterol ingeridos seja elevada. Isso contribui para aumentar os níveis de colesterol ruim (LDL-colesterol) nos indivíduos com esta tendência e favorece o entupimento de vasos sanguíneos, podendo aumentar o risco de infarto e derrame.

Comer muita proteína pode provocar insuficiência renal. O rim é o órgão encarregado de eliminar os produtos do metabolismo da proteína, como ureia e amônia. Quanto mais proteína consumida, maior a quantidade de sangue filtrada por minuto, com a eliminação destes metabólitos. A longo prazo, isso traz prejuízos à saúde.

As pessoas adeptas destas dietas com restrição de carboidratos normalmente se queixam de desconforto gástrico. As proteínas e gorduras têm a digestão mais complexa e demorada, promovendo as queixas de náuseas e sensação de estômago repleto.

4 Quais as chances de sucesso de dietas que cortam completamente uma categoria de nutrientes do prato?

• • • Lilian | *As chances de sucesso duradouro das dietas drásticas são pequenas. No início apresentam resultado, mas cerca de 50% dos pacientes, em um ano, recuperam o peso inicial; em cinco anos praticamente 100% recuperam. Além disso, pode haver um efeito rebote, com consumo exagerado do nutriente restrito.*

5 Para emagrecer, é necessário cortar completamente os doces e massas do cardápio? É fato que a vontade de comer doces aumenta à noite? A restrição piora isso e pode disparar episódios de compulsão?

• • • Lilian | *O aumento do peso se deve a um desequilíbrio entre aquilo que se ingere e aquilo que se gasta. Os doces, principalmente, apresentam um grande conteúdo calórico em pequeno volume, o que faz com que o indivíduo que ingere grande quantidade de doces ganhe peso mais facilmente. As massas são compostas principalmente de carboidratos, mas podem ser consumidas também com moderação. Não é necessário proibir totalmente o consumo de massas da dieta.*

 O cansaço do fim do dia aumenta a vontade de doces e massas. Quando estamos cansados, produzimos menos leptina, hormônio que provoca sensação de saciedade, e mais grelina, o hormônio da fome. A restrição total pode piorar isso e predispor a compulsão. Normalmente, se o indivíduo manteve uma dieta equilibrada durante o dia e não tem o hábito de ingerir doces à noite, isso pode ser contornado.

6 É verdade que seguir dietas muito restritivas pode ter um efeito rebote, que é voltar a ganhar peso com mais facilidade quando a alimentação volta a ser normal?

••• **Lilian** | *Sim, as dietas restritivas demais podem provocar um rebote. Ele ocorre porque nosso corpo, quando atinge determinado peso e percebe a redução de alimentos e nutrientes que ele recebia antes, resolve frear a perda de peso e estocar gordura. As células gordurosas produzem a leptina, hormônio que informa ao cérebro que os estoques de gordura estão preenchidos. Quando há uma perda de peso significativa, os níveis de leptina diminuem e o cérebro entende que é preciso comer mais para repor a quantidade de gordura no organismo. Nas dietas muito radicais, o estômago também produz mais grelina, o hormônio da fome.*

 O organismo precisa de um tempo para se acostumar com o novo peso (em média um mês para cada quilo perdido). Por isso, ao atingirmos o peso desejado, é necessário manter a alimentação equilibrada com mais persistência.

 Para se combater o efeito rebote, é necessário uma dieta alimentar diversificada, acompanhada de atividade física frequente.

7 Como saber se o ganho de peso durante o ano está acima do esperado? Existe alguma tabela para isso?

••• **Lilian** | *Existem tabelas para crianças e adolescentes (até os 19 anos), para avaliar se o ganho de peso está acima do esperado. Para adultos, o que se espera é uma estabilidade de peso ou ganho de cerca de meio quilo por ano. Existem fases em que fatores sociais e econômicos podem promover maior* variação de peso, como casamento, gestação, separações, perdas e estresses. Alguns trabalhos científicos mostram estudos populacionais. De acordo com o New England Journal of Medicine, adultos ganham peso ao longo do tempo, a partir de meio a um quilo por ano. Em um estudo em adultos com idades entre 25 e 44 anos, as mulheres ganharam cerca de 5,2% do seu peso corporal, e os homens ganharam cerca de 3,4% ao longo de um período de 10 anos.

Especialistas em tutorial e saúde da Universidade de Harvard analisaram o ganho de cerca de 121 mil adultos homens e mulheres cujos hábitos e peso corporal foram acompanhados a cada quatro anos durante 20 anos. As pessoas do estudo ganharam cerca de 1,5 kg a cada quatro anos e cerca de 9 kg no final do período de 20 anos.

8 Em que situações se deve pensar em uma cirurgia bariátrica?

...Lilian | Segundo um documento do Consenso Bariátrico Brasileiro, a cirurgia bariátrica é recomendada não como primeira alternativa. É necessário que tenham havido outros tratamentos convencionais sem sucesso ou que a pessoa tenha conseguido reduzir o peso, mas que o tenha recuperado tempos depois. A necessidade da cirurgia é avaliada pelos médicos também nas seguintes situações:

1 Em relação ao peso:
- quando o IMC (Índice de Massa Corporal) estiver superior a 40, mesmo sem a presença de comorbidades (dois ou mais transtornos num mesmo indivíduo avaliado clinicamente);
- quando o IMC estiver entre 35 e 40, desde que haja presença de comorbidades – ou seja, por ser considerada uma obesidade moderada, a cirurgia só é indicada na presença de outro agravante à saúde;
- quando o IMC estiver entre 30 e 35 (obesidade leve), somente na presença de comorbidades consideradas graves e quando o endocrinologista constatar "intratabilidade clínica da obesidade".

> "Através do IMC (Índice de Massa Corporal), é possível avaliar se existe obesidade, o grau do problema e as metas a serem atingidas."

A Verdade Sobre as Dietas

2 Em relação à idade (desde que consideradas as referências do IMC):

- *abaixo de 16 anos de idade, a cirurgia não é recomendada, a não ser em condições muito específicas de síndrome genética constatada pelo médico, e com consentimento da família;*
- *dos 16 aos 18 anos, sempre que houver consenso entre a família e a equipe multidisciplinar;*
- *entre 18 e 65 anos, não há restrições;*
- *acima dos 65 anos, a cirurgia pode ser feita, mas antes devem ser avaliados os riscos devido à presença de outros agravantes, expectativa de vida e se haverá benefícios reais para a saúde, dentre outras especificidades médicas (físicas e psicológicas).*

9 **As crianças amamentadas estariam mais protegidas da obesidade?**

••• Lilian | A amamentação traz uma série de vantagens para o bebê (proteção contra infecções, melhor desenvolvimento cognitivo e orofacial, menor mortalidade infantil) e para a mãe (desenvolvimento do afeto e proximidade com o bebê, perda de peso e fatores econômicos).

Algumas pesquisas já foram publicadas a respeito do possível efeito protetor da amamentação frente à obesidade infantil, mas os resultados são controversos, devido às diferenças de exposição e dos desfechos utilizados, principalmente no que se refere à amamentação exclusiva. A seguir, alguns resultados de pesquisas consultados em publicações especializadas:

"O excesso de peso deve ser considerado como doença crônica e tratado pelo resto da vida."

"Se você deseja emagrecer, diumuua o seu jantar."

H.S. Leigh

❝Em 3 pesquisas realizadas na Alemanha entre 1992 e 1999, mais de 7 mil estudantes de 5 a 14 anos foram avaliados para analisar a tendência de sobrepeso e obesidade. Baixo peso ao nascer e educação elevada dos pais foram fatores protetores contra o sobrepeso e obesidade, enquanto aleitamento materno foi protetor apenas em relação à obesidade. Esse efeito foi maior em crianças amamentadas exclusivamente.❞

(Frye C, Heinrich J. Trends and predictors of overweight and obesity in East German children. Int J Obes Relat Metab Disord 2003;27:963-9)

❝Em 1991, mais de 33 mil crianças tchecas com idade entre 6 e 14 anos foram estudadas para levantar o impacto do aleitamento materno no sobrepeso e obesidade na infância. Uma duração mais longa do aleitamento materno foi associada com menor taxa de sobrepeso, mas nenhum efeito sobre a obesidade. O fato de o volume ingerido pelo bebê variar em cada mamada durante a amamentação e a menor densidade energética do leite humano quando comparado à fórmula, e dessa forma, um melhor autocontrole do consumo de alimentos nas crianças amamentadas, são explicações possíveis para o efeito observado do aleitamento materno.❞

(Toschke AM, Vignerova J, Lhotska L, Osancova K, Koletzko B, von Kries R. Overweight and obesity in 6- to 14-year-old Czech children in 1991: protective effect of breast-feeding. J Pediatr 2002;141:764-9)

❝Em uma revisão de 18 estudos, o autor concluiu que o efeito protetor do aleitamento materno para obesidade tardia foi controverso. 12 estudos encontraram nenhum efeito significativo, enquanto somente 4 mostraram um efeito protetor. Obesidade dos pais continua sendo o mais forte determinante para a obesidade na infância; em parte devido aos fatores genéticos e em parte pelos mesmos hábitos alimentares.❞

(Butte NF. The role of reastfeeding in obesity. Pediatr Clin North Amer 2001;48:189-98)

A Verdade Sobre as Dietas

10 O humor interfere na dieta? Quando a pessoa está triste ou ansiosa ela come mais? E o cardápio da dieta, interfere no humor?

• • • Lilian | *O humor interfere na dieta. O cansaço, o estresse e a sensação de tristeza interferem na capacidade do indivíduo de escolher o melhor tipo de alimento. Muitos procuram uma recompensa imediata à tristeza no alimento. Isso pode estar relacionado com a falta de serotonina. A serotonina é um neurotransmissor que tem diversas funções, dentre elas a liberação de alguns hormônios, a regulação do sono, da temperatura do corpo, do apetite, do humor, na manutenção de uma sensação relaxante da atividade motora e das funções cognitivas. Quando o nível de serotonina diminui, a irritabilidade e o humor sofrem alterações e isso transfere o desejo por carboidratos ou alimento ricos em gordura como chocolate, biscoitos, bolo, batata frita e castanhas. O cardápio da dieta interfere no humor. Vários alimentos estimulam a produção de neurotransmissores responsáveis pela sensação de prazer e contentamento, como a serotonina, dopamina e noradrenalina.*

A Verdade Sobre as Dietas

11 Há alimentos que podem causar algum tipo de dependência?

••• Lilian | *Aparentemente existe uma compulsão psicológica a determinados alimentos que fazem o indivíduo se sentir bem após sua ingestão. O cérebro associa aquele alimento ao prazer e existe a sugestão para o consumo mais frequente. Pesquisas constataram que não existe nada que comprove que alimentos ricos em açúcar ou gordura, por exemplo, possam causar dependência em uma pessoa. Um pesquisador da Universidade de Edimburgo, na Escócia, cita essa condição como uma espécie de "vício comportamental", em vez de um "vício com base em substâncias".*

12 Como se pode avaliar a quantidade de gordura corporal? Além do Índice de Massa Corporal (IMC), existem outros métodos?

••• Lilian | *O exame de bioimpedância foi considerado pelo Consenso Latino Americano de Obesidade como um método apurado para avaliação da composição corporal. Com os dados dessa avaliação, é possível fazer o correto diagnóstico de peso corporal, avaliando se a pessoa está edemaciada ou se é excesso de gordura realmente. A bioimpedância é útil para informar o percentual de gordura em sua totalidade, ou seja, mede tanto a gordura que está debaixo da pele como a gordura que está entre os órgãos. Com base nesse exame, o cardápio é melhor elaborado e as metas são melhor atingidas.*

Este exame permite calcular a faixa ideal de peso para o indivíduo de acordo com o sexo e idade também. É totalmente indolor, mas não é indicado para gestantes e portadores de marca-passo.

> "Pelo menos 100 gramas de carboidratos por dia são necessários para evitar fadiga e desequilíbrio de líquidos no organismo."

A Verdade Sobre as Dietas

Densitometria de corpo inteiro

O exame de corpo total para avaliação da composição corporal por densitometria óssea permite analisar corretamente o percentual de massa de gordura e de massa magra do organismo, além de obter a densidade mineral óssea total do esqueleto. A análise da composição corporal é útil na avaliação nutricional do indivíduo, na fase de crescimento e ganho de massa óssea em programas de condicionamento físico e na evolução e tratamento da várias doenças que afetam a massa óssea.

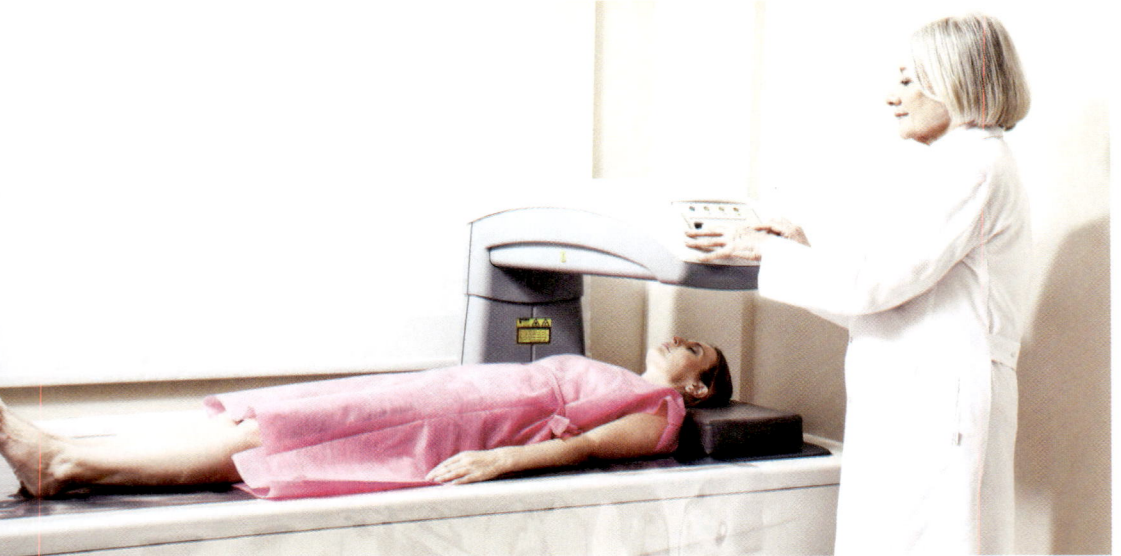

13 **Como o conhecimento do IMC (Índice de Massa Corporal) e da quantidade de gordura corporal podem ajudar no processo de emagrecimento?**

••• **Lilian** | *Através do IMC, é possível avaliar se existe obesidade, o grau do problema e as metas a serem atingidas. Associada à noção da quantidade de gordura corporal, pode-se conhecer a distribuição do peso corporal em relação à massa muscular, massa adiposa (gordura) e estrutura esquelética e promover uma melhor programação dietética. Iniciada uma atividade física, é possível verificar se existe ganho de massa magra ou de gordura com a variação do peso. O IMC e a antropometria (medições do corpo humano ou de suas partes) também são úteis para avaliar a evolução do emagrecimento.*

A Verdade Sobre as Dietas

Cristiane Mara Cedra
é nutricionista e editora-chefe do site A Nutricionista.com
(www.anutricionista.com)

Cristiane Mara Cedra

"O principal é entender como combinar os elementos de uma dieta, entender também como seu corpo funciona", diz a nutricionista Cristiane Cedra sobre a procura que as pessoas fazem por uma dieta que funcione.

Um cardápio adequado não é a única resposta a um paciente com obesidade; é importante saber também tudo o que a pessoa consumiu até chegar na situação de obesidade em que se encontra. Acompanhe a entrevista a seguir.

A Verdade Sobre as Dietas

14 Qual é o melhor método para emagrecer? Uma dieta que conte calorias, conte pontos, não contar nada? É importante seguir um cardápio pronto?

••• **Cristiane** | *O melhor caminho a escolher é a educação alimentar. De nada adianta contar calorias ou pontos se o equilíbrio adequado não for realizado. Por exemplo, não é a mesma coisa consumir 200 kcal em chocolates e 200 kcal em frutas. O cardápio é apenas um guia para a pessoa seguir. A mudança de comportamento é que fará o resultado. Cardápios prontos não são individualizados e podem não estar adequados a algumas pessoas.*

15 Dormir pouco ou mal interfere na dieta?

••• **Cristiane** | *Sim, interfere muito. Não dormir o suficiente e nem entrar no sono profundo gera um estresse para o organismo, resultando no aumento do cortisol, que reflete no depósito de gordura corporal.*

Cortisol - gordura corporal
O nível de cortisol no sangue se altera ao longo do dia, pois ele está relacionado à atividade diária e à serotonina, uma substância neurotransmissora responsável pela sensação de prazer e bem-estar. Nível alto de cortisol pode causar perda de massa muscular, aumento de peso ou diminuição de testosterona.

A Verdade Sobre as Dietas

> " 8 a 10 copos – esta é a quantidade de água que se deve ingerir diariamente. Quem se exercita muito necessita de maior quantidade de água."

16 **Ter prisão de ventre colabora para o ganho de peso?**

••• **Cristiane** | *Não diretamente; aumentará inchaço e desconfortos gastrointestinais. A má absorção pode prejudicar o metabolismo e isso sim reflete no ganho de peso.*

17 **Um bom café da manhã previne o ganho de peso?**

••• **Cristiane** | *Sim, consumir o café da manhã previne o ganho de peso porque controla a fome durante o dia e evita a perda de massa magra devido ao jejum prolongado. Mas um bom café da manhã não está relacionado à quantidade, e sim à qualidade do que se come.*

18 **A ideia de que tomar um café da manhã de rei, almoçar como um príncipe e jantar como um mendigo é válida? Por quê?**

••• **Cristiane** | *Sim, é válida, mas é preciso entender o que significa isso nas proporções adequadas. Caso contrário, pode-se ganhar peso se a pessoa entender que comer como um rei é se fartar em quantidade.*

19 **As dietas baseadas em refeições prontas são mais eficientes?**

••• **Cristiane** | *Se for uma comida congelada rica em gordura e sódio, não ajudará em nada na saúde e manutenção do peso. Se for uma refeição fresca entregue em casa, equilibrada nutricionalmente, pode ajudar, já que hoje uma grande dificuldade é o tempo para preparo dos alimentos.*

A Verdade Sobre as Dietas

Eric Slywitch é médico especialista em nutrologia, Mestre em Nutrição e Diretor do Departamento de Medicina e Nutrição da Sociedade Vegetariana Brasileira. Você pode assistir a uma série de vídeos do dr. Eric no Youtube. Na pesquisa, digite: "Alimentação Sem Carne – Dr. Eric Slywitch".

Dr. Eric Slywitch

Desde que era adolescente, ele já se preocupava com sua própria alimentação. Sempre quis entender como se pode levar uma vida saudável por meio do que consumimos.

O **Guia da Boa Saúde** conversou com o dr. Eric, que explicou que a avaliação metabólica é o que mostra o que é preciso fazer para deixar o corpo mais equilibrado e saudável, independentemente do tipo de alimentação escolhida (convencional, vegetariana, integral ou qualquer outro tipo). Em alguns casos é importante que a alimentação seja mais integral. Em outras situações, pode-se fazer alguns ajustes na alimentação, como, por exemplo, alguém que come proteína em excesso: "Pode ser que seja necessário apenas reduzir algumas fontes de proteína na dieta. Agora, se há alguma alteração na glicemia ou na insulina, por exemplo, então fica mais difícil trabalhar essa situação sem o alimento integral".
Confira a entrevista completa a seguir:

20 Diz-se que comer à noite engorda mais. É verdade? Como deve ser o jantar? Alimentos com carboidratos depois das 18h devem ser evitados por quem quer emagrecer?

••• **Eric** | *A primeira coisa a se verificar é o tempo entre o jantar e a hora de ir dormir. Se a pessoa janta às 11 da noite e vai dormir à meia-noite, ainda tem uma grande quantidade de alimento em processo de digestão, e muito dessa energia não vai ser utilizada – e isso faz engordar. Mas se o jantar for às 8 da noite e a pessoa vai dormir às 11, já houve tempo suficiente para esse alimento ser aproveitado pelo organismo sem haver excessos.*

A questão dos alimentos com carboidratos é o tipo de carboidrato. Se o carboidrato é de um alimento rico em fibras, ele não aumenta a glicemia, que é o que observamos geralmente no excesso de peso. Quando a fonte do carboidrato são doces, cereais refinados (arroz branco), macarrão branco e batata, piora essa questão do aumento de peso. Então, temos duas possibilidades quanto ao consumo de carboidratos: se for optar por consumir o carboidrato de má qualidade, deve ser consumido em menor quantidade. Ou então usar o carboidrato de boa qualidade, e nesse caso pode ser numa quantidade maior. O carboidrato é fundamental para produzir neurotransmissores, para um sono melhor, para manter a massa muscular. A ideia que se tem é que, ao se consumir menos carboidrato, a insulina diminui, permitindo maior queima de gordura. Porém, ao deixar de consumir carboidrato e substituir por proteína, essa proteína em excesso também vira gordura. Mas se a pessoa organizou sua alimentação durante todo o dia e come no jantar só o que precisa para as próximas horas, não há problema em se consumir carboidratos.

> "Além de promover o controle de peso, a atividade física aumenta a força e a flexibilidade, diminui o risco de doenças cardíacas e ajuda a controlar a pressão sanguínea e o diabetes. Promove ainda sensação de bem-estar e diminui as tensões do dia a dia."

A Verdade Sobre as Dietas

Entenda como funciona a transformação de carboidratos e proteínas em gordura:

❚❚▶ CARBOIDRATO – o excesso de carboidrato que se come vira gordura;

❚❚▶ PROTEÍNA – o excesso de proteína se transforma em carboidrato, que por sua vez também se torna gordura;

❚❚▶ GORDURA – o excesso de gordura que se come continua como gordura.

Ou seja, não adianta cortar o carboidrato e consumir proteína no lugar, pois essa proteína a mais se torna carbroidrato, que vai se tornar gordura. O ideal então é consumir carboidratos de boa qualidade e não exceder a quantidade de calorias de que o corpo necessita. Um filé de 250 gramas equivale a 500 calorias. Se a pessoa reduz essas 500 calorias do dia, é possível emagrecer, em um mês, de 2 a 4 quilos. Das 500 calorias desse filé, metade é proteína e metade é gordura.

A Verdade Sobre as Dietas

21 É natural ganhar peso depois dos 50 anos? Isso varia entre homens e mulheres?

••• Eric | Isso acontece bastante, principalmente no caso das mulheres. Quando a mulher chega aos 50 anos em um processo de menopausa, há uma diminuição muito grande de hormônios. Isso mexe com a saciedade alimentar, mexe com a perda calórica. Se a mulher não reduzir a quantidade calórica, vai haver mesmo um ganho de peso. Com os homens também acontece, mas com a mulher esse processo é mais brusco devido à chegada da menopausa. Mas os homens também precisam ficar atentos e reduzir a quantidade de calorias que consomem.

22 Comer demais em um dia e bem menos no outro funciona para compensar o excesso e continuar no processo de emagrecimento?

••• Eric | Isso pode funcionar, mas desde que não haja uma variação muito brusca. A pessoa que come muito num dia e pouco no dia seguinte pode querer abusar um pouco mais e acaba recuperando tudo aquilo que perdeu. Se optar por comer menos, não é para passar fome, pois corre o risco de perder massa muscular.

"As pessoas que incluem atividade física em seu programa de perda de peso são mais propensas a se manter no peso alcançado do que aquelas que mudam apenas a dieta."

A Verdade Sobre as Dietas

23 **Como se pode emagrecer rapidamente? Restrição calórica pode ser indicada? Pessoas que emagreceram rapidamente estão mais vulneráveis a ganhar peso de novo?**

••• **Eric** | *O principal a ser feito é usar apenas as calorias de que se precisa. As pessoas estão acostumadas a consumir mais do que precisam. Se o peso de uma pessoa equivale a 3 mil calorias, não se pode consumir mais do que 3 mil calorias. Ao reduzir o consumo para 2 mil calorias, o peso vai baixar até atingir o equivalente às 2 mil calorias que se está consumindo. Mas se, acabada a dieta, a pessoa voltar a consumir 3 mil calorias, o peso vai subir de novo. Por isso, o ideal é que essa mudança seja feita de modo que possa ser seguida para a vida toda, para manter o peso desejado.*

24 **Consumir mais produtos naturais no lugar de produtos industrializados ajuda no controle ou na perda de peso?**

••• **Eric** | *O problema do alimento industrializado que temos hoje é que ele é muito calórico em pouco volume. A pessoa come visualmente uma quantidade pequena, mas está na verdade consumindo grande quantidade de calorias. São duas possibilidades para emagrecer: ou comer em menor quantidade esse alimento industrializado, ou mudar o tipo de alimentação para consumir o mesmo volume de um alimento natural ou integral, desde que possua menos calorias.*

> "A gula é uma fuga emocional, um sinal de que algo está nos comendo."
>
> *Peter De Vries*

A Verdade Sobre as Dietas

Comer um pedaço de chocolate não parece muito, não é? Um brigadeiro também não...

Mas na verdade, esses "pequenos petiscos" contêm um número enorme de calorias. Mudar o tipo de alimento é a forma mais eficiente de perder peso, pois ao consumir alimentos mais naturais, há uma redução bem grande do consumo de calorias. Uma pequena porção de um alimento industrializado é equivalente a uma grande porção de um alimento natural. Veja a tabela abaixo e compare!

	93g de chocolate ao leite	1.658g ou 98 unidades de morango	500 kcal
	1 brigadeiro de 25g	220g ou duas mexericas	150 kcal
	178,5g de batata inglesa frita	588g de batata cozida	500 kcal
	3g de queijo mozarela	468,7g de tofu	300 kcal
	200ml de leite com achocolatado em pó	503ml de suco de laranja	166 kcal
	86,3g de filé-mignon sem gordura grelhado	57,7g de feijão cozido	190 kcal

Ou seja, ao consumir um alimento natural, você fica saciado com poucas calorias, ao passo que, ao comer um alimento industrializado, vai querer comer mais e mais para ficar satisfeito – só que assim estará consumindo muita caloria concentrada, mesmo que visualmente não pareça. Ao mudar o tipo de alimento que consome, trocando o industrializado pelo natural, é possível manter a quantidade do que se come sem aumentar o consumo de calorias.

Fonte: "Emagreça sem dúvida", de Dr. Eric Slywitch – editora Alaúde

GUIA DE BOA SAÚDE

A Verdade Sobre as Dietas

25 Se for indicada acertadamente, a cirurgia bariátrica é eficaz?

••• **Eric** | *Em situações em que a vida da pessoa está em risco, a cirurgia acaba sendo a melhor solução para reduzir esse risco. Mas é uma cirurgia punitiva: a pessoa emagrece não por vontade própria, mas porque ela é impedida de comer, já que a capacidade do estômago está reduzida e o consumo de alimentos então fica restrito. Se essa restrição é feita sem cirurgia, o efeito é o mesmo. Uma paciente minha emagreceu 50 quilos controlando a alimentação e fazendo atividade física. Temos na medicina um arsenal terapêutico para todas as pessoas em todas as situações possíveis. A cirurgia não precisa ser vista como primeira ou única opção.*

Consumo de suplementos após uma cirurgia bariátrica

Segundo um artigo publicado pela Associação Brasileira para o Estudo da Obesidade e da Síndrome Metabólica (Abeso), pacientes obesos necessitam de atenção em relação ao metabolismo ósseo, tanto antes quanto depois de uma cirurgia bariátrica. É importante acompanhar os níveis de vitamina D e de cálcio para, caso necessário, fazer uma reposição através de alguns suplementos (conforme o artigo "Deficiência de vitamina D em obesos e cirurgia bariátrica", de Leila Araújo). Também é comum observar-se em pacientes obesos deficiências de ferro e proteínas, sendo necessário tratar dessas deficiências antes de se determinar o tipo de cirurgia para redução de peso.

26 Perder peso devagar é mais eficaz e saudável do que emagrecer rapidamente?

••• **Eric** | *Quando o emagrecimento é rápido, perde-se água e músculo. Gordura não se perde tão rápido. Uma pessoa muito obesa vai perder muito mais peso no começo. Se o fígado da pessoa está inflamado (o que é comum ocorrer em casos de obesidade), ele vai receber uma carga muito grande de gordura que está sendo queimada no corpo. A gordura que se perde nos tecidos vai para o fígado, para ele poder metabolizar uma parte dela, mas o fígado acaba sofrendo nesse processo.*

A Verdade Sobre as Dietas

27 Sucos verdes estão na moda. Inserir vegetais e legumes em sucos ajudam de fato o emagrecimento? Quais erros devem ser evitados nessas receitas?

••• **Eric** | Os sucos geralmente apresentam poucas calorias em um grande volume. Para quem acha difícil tomar só o suco verde, o interessante é usar o suco complementando uma refeição. Por exemplo, alguém que quer jantar um lanche. Essa pessoa pode fazer um sanduíche e tomar um suco verde junto. Não precisa ser uma substituição total de uma refeição. Se conseguir trocar o café da manhã por um suco verde, melhor ainda.

Erros a serem evitados: não coloque açúcar no suco. Use somente as verduras, frutas e legumes. Dê preferência aos alimentos "in natura" – ou seja, sem espremer, e sim batido no liquidificador. Se esse suco não for coado, melhor ainda. No começo as pessoas não conseguem tomar o suco sem coar, então pode-se coar no começo e, à medida que for se acostumando e gostando, passar a tomar o suco sem coar. Isso garante que todas as fibras do alimento serão aproveitadas. É mais difícil fazer um suco desses com liquidificadores comuns, por isso o ideal seria um liquidificador mais potente.

Ao se consumir mais frutas e verduras, o paladar começa a ficar mais apurado. Assim, a pessoa começa a achar desagradável o sabor de alimentos muito concentrados e condimentados que ela comia antes. Automaticamente, acaba evitando alguns alimentos processados. Todo esse conjunto de hábitos alimentares é que colabora na perda de peso.

" Por terem gordura e calorias reduzidas, os alimentos light podem ser aliados da boa forma. Mas até mesmo os alimentos light precisam ser consumidos com moderação."

A Verdade Sobre as Dietas

28 Comer antes de ir às compras no supermercado ajuda a selecionar alimentos menos calóricos?

••• **Eric** | *Isso ajuda bastante, principalmente em quem tem compulsão por comida. Outra coisa que ajuda é fazer uma lista de compras ainda em casa, quando estiver saciado, pois já corta da lista os itens que não são necessários. Mas precisa ter força de vontade e seguir a lista, sem se permitir abusos na hora de ficar em frente à prateleira do supermercado, que é o momento em que muitos alimentos calóricos que prejudicam a dieta estão lá, facilmente ao alcance da mão.*

" *Nunca nos arrependemos de comer pouco demais.*"
Thomas Jefferson

29 Fazer jejum ajuda na perda de peso?

••• **Eric** | *Não, o jejum piora a situação. Durante o sono, já houve um período de jejum e, ao acordar, a quantidade de açúcar no sangue está no nível mais inferior, a glicemia está mais baixa. A demanda do metabolismo é mais intensa ao acordar. Se a pessoa fizer jejum de manhã, o organismo começa a destruir a massa muscular para produzir energia para o cérebro e para outras atividades do organismo. Com o jejum frequente, há o risco de se perder músculo e água, e não se perde tanta gordura como se imagina. Nesse jejum prolongado, o corpo produz um hormônio chamado grelina. Esse hormônio avisa ao cérebro que você está com fome, mas ao mesmo tempo reduz a taxa de queima do metabolismo. Assim, o organismo reduz a atividade metabólica para economizar energia (com menos atividade metabólica, não há perda de peso).*

30 Fazer apenas as principais refeições dificulta a perda de peso? Por quê? Qual é o número adequado de refeições por dia?

••• Eric | *É muito importante a maneira como estão sendo distribuídas as calorias nas refeições. Quando se fica sem comer a tarde inteira, depois, na hora do jantar, parece que a quantidade de comida é insuficiente e acaba se comendo mais do que o necessário, sem se dar conta que está comendo em excesso.*

O que é muito mais saudável para o organismo em termos de funções bioquímicas, documentado por meio de exames, é comer pouco e várias vezes ao dia. O princípio parte do hormônio chamado insulina. Quando a insulina está alta, não há queima de gordura e a pessoa não consegue emagrecer. Ao se consumir pouca quantidade em pequenos intervalos, o consumo de carboidratos está sendo baixo a cada refeição. Com menos carboidrato, a insulina fica baixa, permitindo a queima de gordura. Ao mesmo tempo, o organismo estará recebendo glicose do alimento o tempo todo, sem precisar destruir os músculos para fornecer glicose para o cérebro (o cérebro precisa de muito açúcar para ficar em atividade). Então, comer pouco várias vezes ao dia oferece mais possibilidade de queimar gordura sem queimar massa muscular. Dessa forma também se diminui a compulsão alimentar, pois o organismo vai estar sempre saciado.

> "Não cave a sua cova com seus próprios garfo e faca."
>
> *Provérbio inglês*

A Verdade Sobre as Dietas

31 Tomar refrigerante *light* ajuda a emagrecer ou prejudica a dieta? E quanto a outros alimentos dessa categoria "*light*"?

••• Eric | Refrigerante prejudica qualquer dieta, porque não é um alimento. Por isso o ideal seria cortar o consumo de refrigerante completamente. Os alimentos light foram criados para que a pessoa consuma a mesma quantidade de um determinado alimento, mas com uma quantidade menor de calorias. Um alimento light recebe mais ingredientes artificiais, para que ele possa ficar similar (mesmo sabor, cor e textura) ao alimento original. Para obter o mesmo resultado, basta cortar 25% do consumo do mesmo produto original industrializado. Alimentos light têm 25% menos calorias [informação incompleta: também são considerados light alimentos que têm redução de 25% de sódio, açúcar e gordura, não apenas calorias] em comparação ao produto original "não light" do mesmo fabricante. Mas isso não significa que é um alimento de baixo valor calórico. E esse valor calórico muda de acordo com o fabricante de um determinado tipo de alimento. Ao escolher um produto light, o consumidor precisa ficar atento ao que o fabricante informa. Pode haver um produto "não light" que tenha a mesma quantidade de calorias de um produto light de uma empresa concorrente.

Refrigerante *light* ou zero?

Refrigerantes *light* são isentos de calorias, por isso não contribuem diretamente para o aumento do peso. Mas sua composição é rica em sódio e componentes artificiais, por isso devem ser consumidos com moderação. Tanto o refrigerante *light* quanto o *diet* são livres de açúcar e calorias. Contudo, o teor de sódio é muito mais elevado que o dos refrigerantes normais (pode chegar a mais que o dobro).

Refrigerantes *light* podem contribuir indiretamente para o aumento de peso porque, como os adoçantes artificiais da fórmula têm um sabor mais intenso que o do açúcar natural, acabam deixando o paladar menos sensível ao açúcar. Em longo prazo, nosso organismo acaba sendo enganado, achando que os doces que consumimos parecem não tão doces, levando-nos a achar que precisamos de mais doce do que o que realmente necessitamos.

Ao se optar por não consumir refrigerantes, você pode consumir sucos em polpa natural, que possuem nutrientes (diferentemente do refrigerante, que não possui nenhum valor nutricional).

32 Muitos especialistas recomendam alimentos e suplementos antioxidantes. Em que eles ajudam? A dieta pode fornecer esses nutrientes ou quando se faz regime é necessário suplementar?

••• Eric | *Os antioxidantes por si só não têm efeito nenhum no controle do peso. Mas os alimentos que têm mais antioxidantes são os alimentos mais naturais e integrais. Esses alimentos apresentam menos calorias pelo volume. Então, ao consumir esse tipo de alimento você vai emagrecer, mas não devido à presença de antioxidantes no alimento. Os alimentos ricos em antioxidantes são os naturalmente menos calóricos. Se forem prescritas a um paciente que está acima do peso substâncias antioxidantes, como vitamina C, selênio e outras, esse paciente não vai emagrecer.*

33 Pesquisas recentes feitas por neurocientistas indicam que o cérebro tenta sabotar a dieta. Por quê?

••• Eric | *Temos aí o aspecto biológico e o psíquico. A saciedade depende de vias diferentes. Quando o alimento chega ao estômago, e depois quando as fibras estão passando pelo intestino, e quando o fígado está processando carboidratos, o organismo produz vários hormônios que disparam informações para o cérebro dizendo que o corpo está saciado. Com o estilo de vida que temos hoje, esse sistema acaba ficando desregulado com facilidade. Isso pode acarretar a compulsão causada por esse desequilíbrio associado ao excesso de peso e hábitos alimentares desordenados. No aspecto psíquico, tem a ver com a relação afetiva com a comida e os prazeres proporcionados por comer em quantidade. Quando alguém se priva disso, a vontade acaba vindo mais forte. É um mecanismo de compensação em que comer é uma válvula de escape.*

34 Como o cérebro reage a refeições repletas de gordura e açúcar?

••• **Eric** | *Existem estudos que mostram que quando o açúcar chega à corrente sanguínea em grande quantidade, a sensação no cérebro é como se fosse de uma droga. Exames de tomografia e ressonância mostram o cérebro brilhando da mesma forma sob efeito do açúcar e sob efeito da heroína. Todo o açúcar consumido é distribuído pelos diversos órgãos. O cérebro suporta bem grandes quantidades de glicose. O que pode ocorrer é que, quando há uma carga muito alta de açúcar, o nível de glicose fica alto e aumenta também a insulina no corpo na tentativa de baixar essa glicemia. Acaba ocorrendo uma "hipoglicemia rebote", que pode provocar mal estar e alterar a concentração e a resposta intelectual.*

35 Estudos recentes indicam que alguns adoçantes, em especial a sacarina, podem criar efeitos indesejados no intestino, facilitando o ganho de peso. É verdade?

••• **Eric** | *Quando se usa o adoçante, o primeiro problema é alcançar o grau de doçura que se quer dar ao alimento, porque se uma pessoa está acostumada com um alimento extremamente adoçado, ao consumir outro no estado natural, ela começa a achar que está sem sabor. Existem pessoas que colocam açúcar no mamão, que já é uma fruta extremamente doce. O paladar acaba ficando "viciado" nesse padrão de doçura. Quem não consegue ficar sem usar, deve procurar usar o mínimo possível. A única condição em que o adoçante é interessante é se a pessoa não consegue ficar sem consumir um alimento adoçado, e então usa o adoçante para evitar que a carga de carboidratos do açúcar chegue ao corpo dela. Os adoçantes alteram a flora intestinal e afetam a produção de glicemia e insulina, que são fatores que favorecem a obesidade.*

"Suplementos podem ajudar na dieta, mas eles não compensam o mau hábito alimentar. Quem come os alimentos certos não precisa de suplementos."

36 Para quem está seguindo uma dieta, qual é a média de perda de peso ideal em uma dieta?

••• **Eric** | Para uma pessoa que está apenas com sobrepeso, que precisa emagrecer somente cinco ou dez quilos, geralmente o emagrecimento de dois a quatro quilos por mês é um emagrecimento sustentável e saudável.

37 Qual é o melhor horário para se pesar?

••• **Eric** | O melhor horário para se pesar é de manhã, com o intestino vazio, antes do café da manhã e com a bexiga vazia.

A Verdade Sobre as Dietas

38 O que se deve comer antes de fazer atividade física? E depois do exercício, é preciso algum cuidado com a alimentação?

••• Eric | *O recomendável é comer duas horas antes, até meia hora antes do exercício físico, dependendo do volume que você comeu e de quando foi a última refeição. Se o treino for depois do almoço, é preciso esperar cerca de duas horas para fazer a atividade física. Quanto mais se come, maior deve ser o intervalo antes de se começar a atividade física. E o que se deve comer é carboidrato, mas desde que tenha fibras, porque dá um efeito de saciedade melhor e proporciona um nível de glicemia melhor. No pós-treino, o mais importante seria fazer uma refeição principal.*

"A perda de peso aliada à reeducação alimentar deve ser potencializada com exercícios físicos inseridos na sua vida cotidiana. O exercício físico não só ajuda no emagrecimento como combate e previne doenças neurológicas e cardíacas."

A Verdade Sobre as Dietas

Exemplos: se for fazer o exercício de manhã, o melhor é comer uma fruta, pouco depois vem o treino (como só consumiu uma fruta, não precisa esperar tanto para começar a atividade física) e depois do exercício, tomar o café da manhã. Ou, se a atividade física for à tarde, após o exercício o melhor seria jantar. Isso porque depois de 30 minutos após a atividade física, os músculos se abrem para a glicose e ficarão buscando glicose durante quatro horas. Então, se comer até uma hora depois, a glicose dessa refeição vai para dentro do músculo. O organismo consegue aproveitar toda essa refeição, mantendo a insulina baixa, o que proporciona a queima de gordura. Não se deve comer demais após a atividade física, para que o organismo não recupere tudo o que perdeu durante o exercício.

SAIBA MAIS:
"Emagreça sem dúvida"
Dr. Eric Slywitch – editora Alaúde, 432 págs. O livro propõe ao leitor que ele entenda como o corpo funciona para incorporar mudanças na alimentação de forma definitiva e saudável. Tem ainda um plano alimentar e 72 receitas.

Adelino Vieira

Na última década temos visto um crescimento cada vez maior no número de academias.

Adelino Vieira é educador físico e instrutor da academia Centro de Qualidade de Vida (CQV), uma nova modalidade de academia, conhecida como terapêutica ou médica, em que há o acompanhamento de um supervisor especialista em fisiologia do exercício. A CQV fica na Rua Santa Cruz, 245, em São Paulo (www.cqv.net.br).

Pois cresce a procura das pessoas que, tentando contrabalançar sua vida sedentária, buscam na atividade física um modo de ganhar condicionamento físico e qualidade de vida. Nesta entrevista com o orientador físico Adelino Vieira, vamos ver como a atividade física contribui também para o emagrecimento.

Segundo ele, o acompanhamento de uma pessoa com quadro de obesidade requer uma equipe multidisciplinar, que envolve nutricionista, endocrinologista e orientador físico: "Às vezes é importante o acompanhamento de um cardiologista, quando o excesso de peso oferece risco de doenças cardíacas, ou de um ortopedista, para avaliar se a sobrecarga do peso está provocando problemas nas articulações".

> " Em geral, a raça humana, desde a melhoria da culinária, come o dobro do que a natureza requer."
>
> Benjamin Franklin

A Verdade Sobre as Dietas

39 Qual é a frequência adequada de exercícios para conseguir perder peso?

••• Adelino | *Na fase inicial de toda atividade física numa academia, independentemente se a pessoa é obesa ou não, recomenda-se que os exercícios sejam feitos duas ou três vezes por semana, durante uma hora. Isso evita dores musculares e cria um condicionamento físico, para prevenir uma sobrecarga nos músculos e tendões. Essa primeira fase é igual para qualquer pessoa. Depois passamos a selecionar exercícios mais adequados a cada necessidade. À medida que a pessoa ganha mais resistência, pode ir agregando outras modalidades de exercícios mais vezes por semana.*

40 Após atingir o peso ideal posso parar de fazer exercícios físicos? E, se parar, posso voltar a ganhar peso?

••• Adelino | *Fazer atividade física é como escovar os dentes. Para manter a saúde dos dentes, tem de escovar os dentes todos os dias. E com exercícios é a mesma coisa. O recomendável é continuar fazendo exercício físico para a vida inteira, porque o exercício físico não serve apenas para ajudar a perder peso. Ajuda a deixar de ser sedentário, fortalece o organismo, dá resistência, ajuda na postura, ganho de massa muscular... Mas precisa criar esse hábito.*

> Voltar a ter aumento de peso depende de suas opções de vida como um todo. Assim como o conjunto alimentação + exercícios faz perder peso, quando se interrompe esse ciclo, o peso pode voltar a aumentar.

A Verdade Sobre as Dietas

41 **É possível emagrecer somente com exercícios, sem fazer nenhuma mudança nos hábitos alimentares?**

••• Adelino | *Para quem quer emagrecer, a dieta é mais importante que o exercício. Avaliando proporcionalmente, a atividade física representa cerca de 20% a 30% no resultado e a dieta (redução de calorias) influencia entre 70% e 80%. Juntando as duas coisas, o benefício é de 100%. O sucesso do emagrecimento se dá mais pela alimentação. O exercício contribui, mas não é o fator principal para se perder peso. Unindo as duas coisas é possível reduzir o consumo de calorias (através da dieta adequada) e queimar mais calorias através do exercício físico.*

42 **Existe algum tipo de atividade física mais indicado para um obeso que precisa perder mais de 30 quilos, por exemplo? É diferente de alguém que precisa queimar 10 quilos?**

••• Adelino | *As atividades físicas são as mesmas. O que se pode fazer é aumentar a carga de atividades físicas e as modalidades de exercícios, para se perder mais calorias. Em pessoas mais obesas, o resultado é mais difícil de se alcançar e às vezes essas pessoas ficam mais frustradas por não atingir o peso que gostariam.*

43 Os exercícios físicos, além de auxiliar na eliminação de calorias, colaboram no aspecto mental. Como esse lado psicológico pode ajudar uma pessoa a conquistar o peso que deseja?

"A obesidade é um estado mental, uma doença trazida pelo tédio e decepção."
Cyril Connolly

••• Adelino | *O exercício provoca uma reação química no corpo que diminui o estresse e a ansiedade. Ocorre a liberação de endorfina e serotonina, que são chamados de "hormônios da felicidade". E essa sensação não é só na hora que se faz exercícios, isso se prolonga no dia a dia. Com isso se passa a dormir melhor e tem mais energia para trabalhar, acaba aquele cansaço que as pessoas sentem no cotidiano. Esse conjunto de melhorias ajuda na autoestima. Isso dá mais ânimo para a pessoa buscar atingir aquele peso que ela deseja.*

A Verdade Sobre as Dietas

A Verdade Sobre as Dietas

44 **Muitas pessoas que moram em apartamento hoje em dia têm fácil acesso a aparelhos de ginástica quando o condomínio monta uma academia no prédio. Fazer exercícios nesses aparelhos dá resultado para quem quer perder peso?**

••• **Adelino** | *Fazer atividade física intensa, que seja mais do que uma caminhada, exige orientação profissional. Especialmente para alguém que nunca fez exercícios antes em uma academia. É mais seguro e atinge melhor o objetivo se o exercício físico for feito com acompanhamento de um orientador físico para dar as instruções corretas. Utilizar aparelhos sem conhecimento pode ser muito prejudicial, pode provocar hérnia de disco, deslizamento de menisco e outras lesões que podem ficar para a vida inteira. Quem quiser usar os aparelhos do condomínio deve procurar antes orientação profissional de um preparador físico que dê a orientação adequada.*

A Verdade Sobre as Dietas

Nunca é cedo demais para desfrutar de uma vida saudável!
Muita gente acha estranho que tenha que se preocupar com hábitos saudáveis a todo momento.

Os mais jovens, especialmente, acham que, por estarem no auge de suas qualidades físicas, não precisam se preocupar com o que comem, ou se devem ou não fumar, ou não se importam em fazer atividade física. "É muito cedo para isso", dizem alguns. Mas a vida saudável que queremos para o futuro começa agora! Se os hábitos errados não forem corrigidos cedo, no futuro o nosso corpo e nossa saúde irão pagar caro pelos erros da juventude!

45 Pessoas que perderam muito peso estão mais sujeitas ao efeito sanfona? Como evitar?

... Autor | O emagrecimento rápido é a principal causa desse efeito sanfona. Ao mudar os hábitos alimentares, para diminuir o consumo de calorias, o cérebro tenta se adaptar ao novo ritmo. Ele decide se o que estamos ingerindo é suficiente para a manutenção do organismo (com base nas informações hormonais geradas pelo organismo). Quando o consumo diminui, o cérebro avisa ao corpo para baixar o metabolismo e estocar gordura para compensar essa "perda". Como o organismo está acostumado a consumir mais calorias, surge a compulsão por comer mais, e é aí que entra a "força de vontade". Mas só força de vontade às vezes não basta, pois o controle do peso passa também por questões genéticas, e o organismo está sujeito a situações de estresse que fazem o cérebro querer estocar mais gordura. Como as mulheres têm mais gordura e menos massa muscular, elas sentem mais o efeito sanfona. A melhor maneira de evitar isso é fazer a reorganização da alimentação (com orientação de um nutricionista ou médico com especialização nesse tema) sem mudanças rígidas no começo, evitando, assim, que o cérebro trabalhe contra você. Disciplina em manter a dieta é fundamental. E atividade física bem orientada é um ótimo complemento para atingir o sucesso e perder peso sem sofrimento.

A Verdade Sobre as Dietas

46 Por que a dificuldade de perder peso aumenta à medida que a dieta avança?

••• **Autor** | Algumas pessoas não conseguem manter a dieta por causa da ausência de variedade e da monotonia das refeições. Por isso, o nutricionista deve sugerir um cardápio que mude de tempos em tempos, fazendo o paciente continuar estimulado a manter as refeições dentro das metas calóricas.

Outra questão é que, nas primeiras três semanas de uma dieta, boa parte do peso perdido é de líquidos em comparação à perda de gordura. A partir do final da terceira semana da dieta, a proporção se inverte, havendo perda mínima de líquidos, mas a perda total continua a mesma.

Como na dieta há uma súbita diminuição do consumo de calorias, a atividade metabólica alta proporcionou uma rápida diminuição de peso no início. Mas depois de um tempo o organismo procura se adaptar, diminuindo o ritmo do metabolismo, e isso diminui também o ritmo da perda de peso. É por isso que a atividade física durante toda a vida é muito importante para continuar ajudando a perder peso ou manter o peso desejado.

A Verdade Sobre as Dietas

47 Existem alimentos que ajudam a acelerar o metabolismo?

... Autor | *O metabolismo, ao fornecer energia para manutenção das funções do organismo, ajuda a queimar calorias. Para ajudar o metabolismo a trabalhar mais rápido e queimar mais calorias é importante incluir na dieta alimentos que ajudem no funcionamento da tireoide. Os alimentos ideais são os que possuem potássio (banana, salsa, salmão, espinafre, damasco, cenoura, ervilhas, sardinha, cereais integrais), cálcio (couve-flor, semente de gergelim, semente de girassol, brócolis, couve-manteiga, lentilha) e magnésio (amêndoas, pêssego, castanha-do-pará, salsão, peixe, uva, alfafa, maçã, abacate, arroz integral, figo, salsa). Frutas cítricas também são boas, pois diminuem a retenção de líquidos. Tomar água gelada faz o organismo gastar mais energia para regular a temperatura do corpo. Pimenta vermelha e gengibre aceleram o metabolismo em 20%.*

A Verdade Sobre as Dietas

48 Por que algumas pessoas têm mais dificuldade para perder peso?

> " São tão doentes aqueles que se saciam demais como aqueles que passam fome."
> William Shakespeare

... Autor | Existem pessoas mais propensas a serem obesas devido a fatores genéticos. Pessoas com alteração do gene FTO têm os níveis de grelina (o hormônio da fome) aumentados, por isso sentem mais necessidade de comer, mesmo que o organismo esteja saciado. Então, apesar de a força de vontade ser importante na briga contra a balança, vários fatores devem ser avaliados quanto às causas da obesidade. E cada pessoa precisa receber um tratamento específico para seu tipo de obesidade.

Uma das causas dessa dificuldade pode ser a tireoide inativa. Está cada vez mais comum o indivíduo ter todos os sintomas do hipotireoidismo, mas sem aparecer nos exames (por isso leva o nome de hipotireoidismo subclínico). O metabolismo fica mais lento e aumenta a dificuldade em emagrecer. Por isso, quando está difícil perder peso, é preciso uma investigação mais a fundo. A síndrome dos ovários policísticos não é um fator determinante de aumento de peso, mas é comum provocar excesso de gordura corporal, principalmente na cintura.

Alguns medicamentos, como antidepressivos, pílulas anticoncepcionais e hormônios, podem fazer uma pessoa ganhar peso. Outra causa para dificultar o emagrecimento são as intolerâncias alimentares, que fazem com que o alimento não seja digerido corretamente, desacelerando o metabolismo.

49 Comer frutas, hortaliças, cereais integrais e azeite ajuda a emagrecer?

... Autor | Uma dieta rica em frutas, verduras e fibras ajuda a emagrecer se houver diminuição do consumo de gordura saturada de origem animal. Algumas pesquisas indicam que essa gordura causa danos ou até destrói os neurônios responsáveis pelo controle do apetite. Isso faz com que a pessoa se sinta menos saciada, levando-a a querer comer mais. Mas atenção: mesmo as frutas sendo saudáveis, não se deve exagerar. O ideal é consumir de 3 a 5 porções de frutas por dia, mas não da mesma fruta. O correto é variar, consumir frutas diferentes ao longo do dia. Hortaliças como pepino, couve-flor, brócolis e repolho formam gases e dão uma sensação de peso no aparelho digestivo e muito desconforto. O azeite protege o sistema cardiovascular e deve ser consumido diariamente, mas no máximo 1 colher de sobremesa por dia. Cereais integrais são ricos em fibras para o bom funcionamento intestinal, ótimos para a saúde (contém nutrientes, vitaminas e minerais) e para manter peso (baixo teor de gorduras), mas é preciso consumir de 2 a 3 litros de água por dia, senão as paredes do intestino ressecam, provocando prisão de ventre.

> "As pessoas deveriam comer para viver, não viver para comer."
> *Cícero*

Exemplos de gorduras saturadas de origem animal: bolos "de caixinha", chantilly, bacon e biscoitos.

Outros alimentos recomendados para substituir as gorduras: iogurte desnatado, ovo, castanha, farelo de trigo e aveia.

A Verdade Sobre as Dietas

50 Sucos de frutas ajudam a emagrecer ou, ao contrário, ajudam a engordar?

... Autor | Sucos podem ajudar a emagrecer, pois a maioria das frutas tem pouca gordura e calorias e proporciona sensação de saciedade. Porém, frutas contêm carboidratos, e algumas delas contêm gorduras – por isso não se pode exagerar no consumo: os sucos devem ser consumidos como complemento (para substituir pães, chocolates e outros) a uma dieta mais ampla. Assim como os "shakes", não devem ser vistos como a única alternativa para emagrecer. Há muitas dietas que se baseiam apenas em consumo de sucos e shakes que prometem fazer emagrecer em pouco tempo. O problema dessas dietas é que ninguém consegue se alimentar apenas de sucos ou shakes constantemente. É muito comum que o indivíduo acabe voltando à alimentação normal, seja porque acaba enjoando ou porque chega ao peso desejado.

Quando uma fruta é transformada em suco, perde muito de suas fibras, por isso o ideal é usar a fruta inteira quando for fazer o suco, sem coá-la.

- **Frutas menos calóricas:** acerola, carambola, mamão, morango, melão e melancia.
- **Frutas mais calóricas (devem ser evitadas por quem está querendo emagrecer):** abacate, açaí, banana, caqui, cereja, coco, goiaba, maracujá e uva.
- **Frutas de valor calórico intermediário:** abacaxi, ameixa, caju, figo, graviola, jabuticaba, kiwi, laranja, maçã, manga, pêra, pêssego e tangerina.
- **Maior teor de carboidratos:** açaí, banana, cereja, maracujá e caqui.

Sucos comprados prontos podem ser consumidos. Mas atenção para a lista de ingredientes, pois só é suco mesmo se for feito com a fruta (além dos conservantes, que permitem que possam ser armazenados), sem adição de soja ou outros ingredientes. Bebidas à base de soja ou com muita água e sabores artificiais não são sucos; nesses está escrito "néctar" na embalagem. Estes não devem ser consumidos.

> "Morrem mais pessoas nos Estados Unidades de excesso de comida do que de falta."
> John Kenneth Galbraith

A Verdade Sobre as Dietas

"*É um assunto difícil, meus caros compatriotas, discutir com a barriga, já que ela não tem ouvidos.*"
Plutarco

51 Legumes crus são mais nutritivos do que os vegetais cozidos?

••• Autor | *Alguns estudos revelam que alimentos crus são mais saudáveis do que os cozidos, porque o ato de cozinhar esses alimentos modifica suas enzimas naturais, o que prejudica o aproveitamento dos nutrientes no organismo. Vegetais crus têm baixo teor de sódio e açúcar, e são ricos em fibras, vitaminas e antioxidantes. Alguns alimentos crus reduzem o risco de se contrair algumas doenças. Quem consome alimentos crus costuma ter a pele mais clara e saudável, além de ser geralmente mais magra e com mais disposição e energia.*

Contudo, devido ao fato de se usar muitos agrotóxicos na produção de vegetais, consumir esse tipo de alimento cru da maneira como compramos no supermercado ou na feira (mesmo lavando bem) acaba se tornando um risco para a saúde.

A Verdade Sobre as Dietas

52 Molhos prontos para saladas podem ser usados ou é melhor evitar?

... Autor | *Os molhos prontos comprados em supermercado têm o mesmo problema de todo alimento industrializado, por isso o consumo frequente deve ser evitado. Eles têm corantes artificiais, muito sódio e gordura, além de serem altamente calóricos. A melhor opção é temperar a salada com limão, vinagre e um fio de azeite.*

53 Chocolate *diet* pode ser consumido sem problemas?

... Autor | *Geralmente os alimentos diet só devem ser consumidos por quem tem algum tipo de restrição ao açúcar, como os diabéticos. Para quem quer emagrecer ou manter o peso, não é uma boa alternativa, pois alimentos diet têm maior teor de gordura e, consequentemente, mais calorias. A melhor opção é consumir pouca quantidade dos chocolates normais. E na dieta diária, evitar consumir alimentos com excesso de açúcar.*

> " *Se a comida é sua melhor amiga, ela é também sua pior inimiga.*"
> *Edward "Grandpa" Jones*

A Verdade Sobre as Dietas

54 Existe algum tipo de alimento que deve ser sempre evitado por quem quer emagrecer?

••• Autor | *Os alimentos a serem evitados por quem deseja se manter num peso saudável são:*

- **Refrigerante:** *ricos em calorias e pobres em nutrientes.*
- **Biscoitos:** *possuem grande quantidade de sódio e aditivos químicos que fazem mal à parede do estômago (que pode levar à gastrite) e do intestino.*
- **Macarrão instantâneo:** *rico em gordura e calorias. Alto teor de sódio e de químicos nocivos ao estômago e ao intestino.*
- **Biscoitos recheados:** *têm grande quantidade de calorias e gorduras. Substituir por biscoitos sem recheio ou integrais.*
- **Alimentos congelados:** *possuem muito sódio, calorias e conservantes.*
- **Sorvetes "de pote":** *possuem muitas calorias, açúcar e gorduras, além de serem pobres em nutrientes. Podem ser substituídos pelo picolé, que é menos calórico.*
- **Salsicha, linguiça, mortadela e outros embutidos:** *extremamente gordurosos, possuem muito sódio e aditivos químicos.*
- **Batata frita:** *a batata que vem "pronta" para fritar já tem alto teor de gordura, e após a fritura fica ainda mais gordurosa. Pode ser substituída pela batata assada no forno.*
- **Bacon:** *possui muita gordura saturada, que aumenta o colesterol ruim.*

A Verdade Sobre as Dietas

55 Uma dieta que valorize o consumo de proteínas faz perder peso de modo saudável?

... Autor | As proteínas são ótimas para a construção de músculos (por isso, uma dieta rica em proteínas é muito usada por atletas), cabelo, pele e unhas. As proteínas também atuam como fonte de energia para o organismo, quando na ausência de carboidratos e gorduras. O organismo gasta bastante energia para consumir a proteína, por isso muita gente acha que dessa forma vai perder mais peso. Mas durante a digestão de proteínas ocorre a geração de substâncias tóxicas que precisam ser eliminadas pelos rins, e esse processo consome muita água, podendo provocar desidratação. A perda de peso não é tão vantajosa, como explicado na questão número 20. Portanto, na hora de se alimentar, variedade é a regra.

Testes

Meça seus conhecimentos sobre dietas.

Não vale colar!

GUIA DE BOA SAÚDE | 53

Teste 1

... Assinale "certo" ou "errado" para cada afirmação

1 Mulheres têm menos massa muscular, por isso acumulam menos gordura

[ ] CERTO   [ ] ERRADO

2 Posso comer à vontade, mas, se eu fizer exercícios físicos, vou queimar muitas calorias e por isso não corro risco de engordar

[ ] CERTO   [ ] ERRADO

3 Os hábitos alimentares e o estilo de vida influenciam muito na obesidade. Fatores genéticos também são importantes, mas não determinantes

[ ] CERTO   [ ] ERRADO

4 O que determina se uma pessoa vai ser obesa ou não é a questão genética. Se os pais foram obesos, o filho ou filha já vai ser obeso na infância ou vai ser quando crescer

[ ] CERTO   [ ] ERRADO

Atenção: estes testes não têm a função de determinar qualquer recomendação sobre hábitos alimentares nem são uma avaliação precisa sobre seu estilo de vida. Servem apenas para você se autoavaliar e perceber o que pode fazer para melhorar seu dia a dia.

Testes

5 Comer em grande quantidade apenas nas principais refeições e não consumir nada entre uma refeição e outra ajuda a evitar a obesidade

[ ] CERTO   [ ] ERRADO

6 Cansaço, estresse e tristeza podem estar relacionados ao aumento de peso porque pode haver falta de hormônios que interferem no humor, provocando compulsão por alimentos

[ ] CERTO   [ ] ERRADO

7 Não há vantagem em se consumir alimentos integrais, pois eles possuem uma quantidade de calorias semelhantes à de alimentos convencionais e mesmo assim vou sentir mais fome

[ ] CERTO   [ ] ERRADO

8 Numa dieta, cortar carboidratos pode dar fraqueza e tontura, pois carboidratos são as principais fontes de energia do corpo

[ ] CERTO   [ ] ERRADO

9 Na hora de comprar alimentos, pode-se substituir os produtos convencionais por produtos *diet* ou *light* e, assim, não há problema em relação à quantidade do que se vai comer

[ ] CERTO   [ ] ERRADO

10 Não é necessária nenhuma autorização especial para se fazer uma cirurgia bariátrica. Quem se sentir muito obeso pode fazer a cirurgia sem nenhuma contraindicação

[ ] CERTO   [ ] ERRADO

Respostas: 1 – errado / 2 – errado / 3 – certo / 4 – errado / 5 – errado / 6 – certo / 7 – errado / 8 – certo / 9 – errado / 10 – errado

Teste 2

... Descubra se você tem mais ou menos dificuldade para controlar seu peso através deste teste. Mas seja sincero nas respostas!

1 Você come...
A [ ] só quanto tenho fome
B [ ] somente as três refeições diárias: café da manhã, almoço e jantar, sem exageros
C [ ] como bastante nas três refeições e ainda faço um lanchinho extra de vez em quando

2 Na hora de preparar o jantar, você...
A [ ] preparo o que for mais fácil de preparar na hora e como bastante, porque fiquei muito tempo sem comer
B [ ] não janto porque quero emagrecer
C [ ] faço um lanche ou, se for uma refeição completa, como uma pequena quantidade

3 Depois do jantar, come mais alguma coisa?
A [ ] de madrugada faço uma visita à geladeira
B [ ] como um pedaço pequeno de chocolate ou alguma outra sobremesa
C [ ] não como nada depois do jantar

4 De manhã, ao ir para o trabalho, você come:
A [ ] café com leite e pão
B [ ] café com leite, pão integral, queijo e uma fruta
C [ ] saio de casa sem comer e compro alguma coisa na lanchonete para comer no trabalho. Depois compenso no almoço

Testes

5 Você percebe que está um pouco gordinho, com aquela barriguinha. O que você faz?
A [ ] vejo na TV ou na internet qual é a dieta da moda
B [ ] vou a um endocrinologista para ver o que pode estar causando o aumento de peso
C [ ] passo a comer menos nas refeições

6 Sobre suas atividades diárias:
A [ ] ao sair de casa/apartamento, desço pela escada ou vou andando até o ponto de ônibus
B [ ] só uso elevador e vou de carro para o trabalho ou para outros compromissos, pois é mais cômodo e rápido
C [ ] sempre opto por andar em vez de só usar o carro e faço uma caminhada duas vezes por semana

7 Quanto copos de água você toma por dia?
A [ ] de um a três copos no máximo, às vezes até esqueço de beber água
B [ ] de quatro a sete copos
C [ ] mais de oito copos

8 Por quanto tempo você dorme à noite?
A [ ] durmo menos de quatro horas e tiro um cochilo durante o dia
B [ ] durmo de 4 a 6 horas
C [ ] durmo de 6 a 8 horas

> "O modo mais comum de desnutrição no mundo ocidental é a obesidade."
>
> Mervyn Deitel

RESULTADO: Some os pontos de acordo com suas respostas, calculando conforme indicado abaixo:

1A – 3 pontos
1B – 1 pontos
1C – 5 pontos

2A – 5 pontos
2B – 3 pontos
2C – 1 pontos

3A – 5 pontos
3B – 3 pontos
3C – 1 pontos

4A – 3 pontos
4B – 1 pontos
4C – 5 pontos

5A – 5 pontos
5B – 1 pontos
5C – 3 pontos

6A – 3 pontos
6B – 5 pontos
6C – 1 pontos

7A – 5 pontos
7B – 3 pontos
7C – 1 pontos

8A – 5 pontos
8B – 3 pontos
8C – 1 pontos

Avaliação

De 8 a 12 pontos: Muito bem, você procura viver uma vida saudável, mesmo com todas as dificuldades do dia a dia.

De 13 a 24 pontos: Cuidado! Você está com um ritmo de vida que coloca em risco seu bem-estar e que está favorecendo o aumento de peso!

Acima de 24 pontos: Precisa melhorar imediatamente seu ritmo de vida buscando hábitos alimentares e práticas mais saudáveis, ou corre o risco de ficar obeso! Talvez seja o momento de consultar um médico sobre isso.

Dicas
rápidas e
práticas

Mas que ajudam você na vitória contra o aumento de peso.

" *A gula não é um vício secreto.* "
Orson Welles

A Verdade Sobre as Dietas

❚❚▶ Musculação ajuda a queimar gordura. Mas cuidado! É preciso orientação de um preparador físico. Não abuse dos aparelhos na academia que existem no prédio onde você mora!

❚❚▶ Sucos ajudam a perder peso, mas não é só tomando suco que você vai emagrecer. A dieta precisa ser completa e balanceada, de acordo com as suas necessidades calóricas.

❚❚▶ Cuidado com os alimentos *light* que você consome! Muitas vezes, um alimento não *light* pode ter a mesma quantidade de calorias (ou até menos) do que um produto *light*. Fique de olho sempre no quadro de Informações Nutricionais que todos os produtos industrializados colocam na embalagem.

❚❚▶ Beber muita água durante o dia ajuda a manter a saúde e o peso, mas não se deve tomar água durante as refeições, somente até meia hora antes ou meia hora depois.

Dicas rápidas e práticas

❚❚▶ Insira, em todas as refeições, uma fruta ou legume. Uma salada de frutas com iogurte no lanche da tarde pode ser uma boa, mas sem exageros!

❚❚▶ Tenha calma para comer! Não coma em pé nem apressadamente. Se você come muito rápido, demora mais para seu cérebro entender quando seu corpo já está saciado, e você acaba comendo mais do que precisa.

❚❚▶ Evite alimentos à base de farinha. Ela se transforma em gordura muito rapidamente. Você pode trocar os alimentos com farinha branca por farinha integral. Mas preste atenção, pois muitas marcas de produtos industrializados colocam "integral" no nome, mas na verdade não o são.

A Verdade Sobre as Dietas

- ▌▶ Nas principais refeições, use um prato menor! Assim você acaba reduzindo a quantidade de comida colocada no prato.

- ▌▶ Prefira alimentos assados em vez de fritos.

- ▌▶ Reduza o consumo de bebidas alcoólicas.

- ▌▶ Você mora em prédio? Troque o elevador pela escada!

- ▌▶ Gosta de pimenta? Pois devia gostar, ela acelera o metabolismo e pode ajudar a manter o peso.

- ▌▶ Não gosta de fazer dietas muito drásticas? Então, quando você chegar ao seu peso desejado, não volte a comer tudo aquilo que comia antes. Mude seus hábitos alimentares. Quer dar uma escapadinha no fim de semana? Ok, mas fique no controle da comida em vez de deixar a comida controlar você!

- ▌▶ "Está estressado? Vai pescar!" – assim diz o ditado. Ansiedade e estresse fazem muitas pessoas descontarem na comida. Tente praticar o controle de suas emoções. É bom para o corpo e para a mente.

- ▌▶ Tem cachorro em casa? Saia para passear com ele mais vezes por semana.

15 mitos sobre Dietas

A VERDADE SOBRE AS CRENÇAS MAIS RELEVANTES ACERCA DAS DIETAS

"Dietas" é um assunto fascinante para grande parte das pessoas, principalmente aquelas que não resistem às "fórmulas mágicas" para emagrecer que aparecem, cada vez mais, nos meios de comunicação.

A Verdade Sobre as Dietas

O interesse popular por dietas não é assim tão antigo – há pouco mais de 50 anos, era um tema praticamente restrito aos procedimentos médicos. Com a mudança nos hábitos alimentares e com as informações sobre alimentação tornando-se mais acessíveis, além da flagrante transformação no crivo estético, com a figura humana delgada sendo cultivada como ideal de beleza, o interesse por dietas que emagreçam foi elevado ao máximo; os problemas de saúde provocados por dietas radicais contribuíram para a elaboração da cultura da "dieta saudável".

Através dos anos, muitos mitos acabaram estabelecidos, derivados das dietas, e delas em relação à saúde e da saúde em relação aos próprios alimentos. Mitos esses que são replicados como se fossem verdades absolutas e que continuam a ser repassados como procedimentos sagrados para a condução do indivíduo para o estado de magreza sem prejuízo da saúde, mesmo que muitas pessoas tenham se frustrado com a ineficácia desses métodos.

Leia a seguir sobre alguns desses mitos e leve em conta o que aprendeu ao pretender fazer novas dietas.

01 COMER SALADAS É TUDO O QUE EU PRECISO PARA EMAGRECER

•• Se insistir em fazer uma dieta comendo apenas folhas, o que vai conseguir é ficar com fome e entrar em um quadro de desnutrição. É claro que as folhas, principalmente as verde-escuras, como rúcula, agrião, couve e escarola, devem fazer parte de nossa alimentação diariamente. Mas se, por exemplo, trocar o almoço por uma simples salada de folhas, *cadê* que você vai ter energia suficiente para cumprir os afazeres do dia até a hora do jantar? Alface é muito gostosa e não tem calorias – porém, quase não tem nutrientes; alface não pode ser a base de uma refeição.

A Verdade Sobre as Dietas

02 O IDEAL É COMER A CADA 3 HORAS, DE 5 A 6 VEZES POR DIA

Ficar em estado de fome o tempo todo e precisar lanchar várias vezes entre as refeições principais significa que você não está se alimentando bem e suficientemente no café da manhã, no almoço e no jantar. Se sua atividade diária dispensa o esforço físico pesado, comer várias vezes por dia vai sobrecarregar seu sistema digestivo e pode contribuir para ganhar peso e prejudicar seu organismo.

Comer três boas refeições por dia deve ser suficiente para passar o dia sem sentir fome, evitando os lanches entre as refeições. Descubra quais são os alimentos ideais para seu tipo físico e seu metabolismo e use-os como base de suas refeições.

03 COMER POUCO NO ALMOÇO FAZ EMAGRECER

Isso é uma ilusão... O prato quase vazio do almoço é o que faz você "compensar" com doces, biscoitos, chocolates, sorvetes. O bom prato no almoço deve ter arroz integral, feijão e raízes como batata-doce, inhame, rabanete e mais folhas verdes; essa é a refeição básica para ter energia o resto do dia dispensando os doces, que são os vilões de qualquer dieta.

"Alface é gostosa e não tem calorias – porém, quase não tem nutrientes; não pode ser a base de uma refeição."

04 REFRIGERANTE DIET E CAFÉ COM ADOÇANTE SÃO BEBIDAS PERMITIDAS NAS DIETAS

Errado – as bebidas adoçadas artificialmente e/ou ricas em cafeína são as piores escolhas para quem quer perder peso. Acredita-se que essas opções dão mais energia, sem precisar consumir mais calorias, mas o que a cafeína e o adoçante artificial fazem é justamente o contrário: alimentam o mecanismo do estresse e do ganho de peso.

Dispense os refrigerantes, quaisquer. Evite a cafeína. Para beber, a água sempre é a melhor opção. Deve ser a primeira coisa que você ingere pela manhã e é aconselhável que você beba bastante água, durante o dia inteiro, principalmente quando sentir fome, cansaço, calor, inchaço e qualquer desconforto. A água em temperatura ambiente é a ideal para cumprir a contento o efeito desintoxicante em seu organismo. Outras bebidas que podem ser tomadas no lugar da água são o chá verde e as infusões de ervas.

> *"Provavelmente nada no mundo levanta tantas esperanças do que as primeiras horas de dieta."*
>
> Dan Bennett

A Verdade Sobre as Dietas

05 QUALQUER DESLIZE NA ALIMENTAÇÃO PRECISA SER COMPENSADO DEPOIS, NA ACADEMIA

A tradução desse mito se explica pelo sentimento de culpa, algo extremamente negativo e assumido facilmente por pessoas que fazem dieta. Ora, o indivíduo não pode viver a dieta 24 horas por dia! Não seria humano! Os momentos de socialização são sempre acompanhados de comidas e bebidas que geralmente não são as mais saudáveis; então, fazer o quê? Enturmar-se e sentir culpa depois, recusar-se a participar para não sair da dieta? Nada disso! Parte de seu tempo deve ser uma escolha **consciente** para priorizar as relações sociais sem sentir culpa; comer um pedaço de bolo e tomar uma taça de champanhe, alegremente, bem acompanhado, só pode fazer bem. Quem se proíbe o tempo todo acaba engolindo um bolo inteiro, "escondido" e cheio de culpa, em um momento de carência.

06 TODO DIA É DIA DE MALHAR LOUCAMENTE

Pessoas sedentárias, ao serem despertadas para a malhação, costumam exagerar, como se fosse possível "compensar" os anos de quase imobilidade em poucas semanas. Exigir o máximo do seu corpo todos os dias não é a melhor estratégia para perder peso. Os tipos e a intensidade dos exercícios devem ser variados de acordo com a estrutura física de cada um. Perder peso à custa de exercícios é uma consequência, não uma finalidade. Então, os exercícios devem ser constantes, mas leves, sem sobrecarregar o corpo.

"Os exercícios devem ser constantes, mas leves, sem sobrecarregar o corpo."

07 A ÚNICA GARANTIA PARA PERDER PESO É A ACADEMIA

A garantia, na verdade, é mexer o corpo o máximo possível, não necessariamente em uma academia. Isso implica em uma mudança de hábitos no dia a dia, como deixar o carro e andar a pé em todos os afazeres nas redondezas de casa. Usar bicicleta, subir e descer escadas, levantar mais cedo e fazer caminhadas, sair para dançar – há muita coisa que se pode fazer privilegiando o movimento, a mobilidade, sem precisar se exercitar em uma academia de ginástica.

08 DIETA TEM A VER SOMENTE COM O QUE SE COME

É um grande erro focar a dieta apenas no alimento – se assim for, a dieta está fadada ao fracasso. Quem faz dieta tem de tomar consciência dos motivos que o levaram a querer emagrecer e, certamente, não foram comer menos e comer alimentos não calóricos. A pessoa faz dieta para ter mais saúde física, para ser mais feliz, ser mais aceita, conquistar uma silhueta mais esbelta e bonita. Então, tomar consciência desses aspectos da vida e das reais motivações é fundamental para qualquer transformação que quisermos colocar em prática. Não é apenas a comida o que nos nutre, mas a qualidade de vida; assim, fazer uma dieta também é assumir ações que possam melhorar a qualidade de vida.

> "A pessoa faz dieta para ter mais saúde física, para ser mais feliz."

09 VIGIAR O PESO CORPORAL É A MELHOR FORMA DE SABER SE UMA DIETA ESTÁ FUNCIONANDO

O hábito de se pesar constantemente durante uma dieta não motiva a continuar nela, pode ter um efeito contrário, inclusive, resultante da frustração de ver os ponteiros estáveis apesar dos "esforços e sacrifícios" em diminuir o peso. Nem sempre a balança vai mostrar os ganhos que tivemos ao mudar nossa alimentação e estilo de vida. Não é a balança que vai mostrar outras conquistas mais significativas, relacionadas a ganho de energia e disposição, mudanças no humor e no corpo, além da incorporação de novos hábitos saudáveis. Esqueça um pouco a balança e foque na alimentação, nos exercícios físicos e outras metas que estabeleceu ao decidir fazer a dieta.

A Verdade Sobre as Dietas

10 MANTER-SE EM ATIVIDADE CONTÍNUA AJUDA A PERDER PESO

Para perder peso com saúde é essencial o repouso, as horas de sono bom, para a recuperação do corpo. Se dormir menos de oito horas por dia ou se tiver uma qualidade de sono ruim, isso aumenta a produção de cortisol, o hormônio do estresse, que leva ao aumento de peso e a uma fome incontrolável. Aprenda a relaxar o corpo e a mente, faça uma terapia para conseguir dormir bem todas as noites e sinta-se bem, com energia para fazer as atividades durante as horas em que está desperto.

11 COMER À NOITE ENGORDA

Como é sabido, à noite o metabolismo é mais lento, mas não importa em qual hora do dia você come – é o que e o quanto come durante as 24 horas do dia que faz ganhar ou perder peso. Para não sobrecarregar o organismo, melhor comer alimentos de fácil digestão à noite, como legumes, sopas, sucos, frutas. Assim, é um mito dizer que "comer à noite engorda", mesmo os carboidratos, cujo excesso acumula gordura a qualquer hora do dia. No período noturno, no caso dos carboidratos, o ritmo do nosso metabolismo fica mais lento, assim como o gasto energético, então as chances de ganhar peso serão maiores *se houver exagero*. Vale lembrar que os carboidratos estão presentes na maioria dos pratos rápidos, como lanches e biscoitos.

> "*É essencial o repouso, as horas de sono bom, para a recuperação do corpo.*"

12 POSSO COMER À VONTADE ALIMENTOS QUE TÊM GORDURA ZERO

Trata-se de um mito e um equívoco porque todos os alimentos têm gordura, mesmo um peito de frango grelhado tem gordura. Assim sendo, para perder peso, elimine definitivamente frituras da sua dieta e use apenas azeite de oliva ou óleo de canola e girassol, em pequenas quantidades, para temperar ou grelhar. Carboidratos e proteínas têm em torno de quatro calorias por grama, enquanto gorduras têm mais do que o dobro.

13 MALHAR AGASALHADO, PARA SUAR MAIS, AJUDA A PERDER PESO

Quando você encharca a roupa na esteira, você está perdendo água – e não gordura. Então, esse é outro mito. E pode ser ruim para o bem-estar porque se descuidar com a hidratação traz o risco de haver alterações de pressão e até desmaios. Na hora de malhar, use sempre roupas leves, de preferência feitas com material apropriado, como *dry fit*, que permite a troca de calor pelos furinhos do tecido.

A Verdade Sobre as Dietas

14 AS DIETAS DÃO MAIS CERTO COM HOMENS DO QUE COM MULHERES

Mito. Elas funcionam da mesma maneira com homens e mulheres – o que ocorre é que eles têm uma proporção maior de massa magra, enquanto elas apresentam mais gordura por ser um tecido de defesa importante no período gestacional. Além disso, o metabolismo masculino é um pouco mais ativo. As mulheres ainda contam com questões hormonais que podem atrasar a perda de peso. Por outro lado, tudo vai depender da genética de cada um e dos hábitos alimentares e estilo de vida – que justificam os casos contrários.

15 PASSAR PERÍODOS LONGOS EM JEJUM AJUDA A EMAGRECER

Não! É exatamente o contrário. Ao ficar sem comer por muito tempo, o corpo entende que é preciso estocar energia e formar reservas de gordura. Para emagrecer, deve-se "enganar" o corpo saciando a fome com os alimentos menos calóricos, recomendados. Dessa forma, o metabolismo fica ativo, gastando mais energia durante os processos vitais: batimentos cardíacos, circulação sanguínea e respiração.

10 Mitos sobre Bebidas e Alimentos
referendados para perder peso

NEM TUDO O QUE SE AFIRMA É VERDADE

Tapioca realmente emagrece? E a carne de peixe? Suco de limão tem a capacidade de queimar gorduras? Saiba a verdade acerca destes e de outros alimentos e líquidos aconselhados para quem deseja emagrecer.

Na busca por uma silhueta esguia e um abdômen reto, cada vez mais nos deparamos com pessoas que querem perder peso, seja porque estão de fato com sobrepeso ou porque querem perder gorduras localizadas; enfim, cada qual tem seus motivos para querer mudar seu corpo.

A indústria de alimentos, às vezes de modo não muito ético, anuncia, na Televisão e na internet, produtos que prometem fazer "milagres", espalham dicas para perder peso, montam "dietas de 7 dias" e os mitos vão se acumulando em torno do que fazer para emagrecer. A cultura popular se encarrega de inchar a mitologia que abarca alimentos e bebidas que supostamente "emagrecem".

São muitas as dietas lançadas por famosos ou colocadas em revistas, tais como dieta da sopa, dieta das frutas, dieta das proteínas, dieta sem carboidratos, dieta da lua, dentre inúmeras outras, que sustentam uma importante parte do conhecimento cultivado sobre a alimentação humana.

A seguir, leia sobre alguns mitos disseminados sobre produtos sólidos e líquidos e sua autêntica ação no processo de emagrecimento.

10 Mitos sobre Bebidas e Alimentos Referendados para Perder Peso

01 TUDO O QUE É NATURAL É BOM PARA A SAÚDE
Um produto que é considerado *natural* não é necessariamente seguro para sua saúde. Os produtos para emagrecer, ditos naturais, vendidos por meio de blogs ou de anúncios na TV, sem orientação de um médico, geralmente *não são testados cientificamente* para comprovar se são seguros ou se são eficazes. Verifique com seu médico antes de usar qualquer produto natural ou à base de ervas para emagrecimento. Você pode estar subestimando os riscos.

02 ÁGUA QUENTE, EM JEJUM, QUEIMA GORDURAS
Queimar gordura e eliminar peso dependem da quantidade de alimentos ingeridos e do número de calorias eliminadas. Beber água quente em jejum ou chá quente depois das refeições não elimina nenhum grama de gordura que você ingerir ou que você tenha em seu corpo. O ideal é eliminar a ingestão ou diminuir ao máximo a quantidade de gordura ingerida e praticar exercícios aeróbicos.

03 CARNE DE PEIXE EMAGRECE
Peixe também tem gordura saturada, além de colesterol, mesmo em proporções menores que a carne vermelha. Portanto, peixe engorda, mas não deve ser eliminado da alimentação porque contém nutrientes que são importantes para a saúde, como proteínas, ferro e zinco, e os ácidos graxos (ômega 3) que fazem bem à saúde. Existem peixes de carne gorda, que são aqueles cuja gordura está dispersa por toda a carne. Exemplos: atum, salmão, sardinha, anchova e arenque. Os peixes de carne magra apresentam a gordura praticamente toda confinada no fígado; exemplos: bacalhau, carpa, linguado, truta, tainha, robalo. Escolha um peixe magro e "frite-o" sem óleo ou prepare-o grelhado.

"Beber água quente em jejum não elimina nenhum grama de gordura."

A Verdade Sobre as Dietas

04 VOU EMAGRECER SE CORTAR RADICALMENTE QUALQUER ALIMENTO COM CARBOIDRATO

É um mito. Todos os nutrientes são necessários e devem fazer parte de um cardápio saudável. Carboidratos, por exemplo, garantem energia necessária para o funcionamento adequado do cérebro. Na sua ausência, as proteínas têm de trabalhar dobrado e atrasam sua principal função, que é proteger a manutenção da massa muscular. Para quem está de dieta, é recomendável consumir carboidratos complexos, presentes nos alimentos integrais, porque são digeridos mais lentamente e garantem uma saciedade prolongada.

05 TOMAR ÁGUA COM LIMÃO PELA MANHÃ, EM JEJUM, AJUDA A EMAGRECER

Não existem evidências científicas de que isso seja eficaz na perda de peso. Na verdade, a mistura de água e limão pode até inibir um pouco o apetite, mas não é a melhor opção.

O limão, definitivamente, não corta gordura, isto é, não emagrece. Se fosse assim, seria fácil perder peso, bastaria tomar litros de suco de limão e colocar limão em tudo quanto é preparação.

" *Para quem está de dieta, é recomendável consumir carboidratos complexos, presentes nos alimentos integrais.*"

06 A MELHOR DIETA PARA EMAGRECER É AQUELA SÓ COM LEGUMES

Falso. As carnes são fonte de proteína animal e auxiliam na manutenção da massa muscular. Como exigem uma digestão maior, elas também geram saciedade. A melhor opção na hora da dieta é preferir as carnes magras, com menos gorduras saturadas, e prepará-las assadas, cozidas ou ensopadas. Evite comê-las fritas. A carne deve ser comida em porções pequenas, acompanhada de legumes e algum carboidrato, como arroz.

07 DOCES E PÃES EM VERSÃO DIET FAZEM PERDER PESO

Doces sem açúcar, sobremesas e pães mais magros, oferecidos no meio de uma lista infinita de produtos *diet*, teriam, segundo a crença, capacidades emagrecedoras. Em princípio, adotar esses produtos em vez dos convencionais parece ter só benefícios, mas a verdade pode ser um verdadeiro tiro no pé para quem faz dieta. A Associação Brasileira de Defesa do Consumidor já alertou que a informação "diet" em uma embalagem não garante a qualidade nutricional nem a redução de calorias. No chocolate *diet*, por exemplo, a retirada do açúcar significa a adição de mais gordura, o que deixa a versão dietética *tão ou mais calórica* do que a tradicional. Não confie apenas no rótulo, compare a tabela nutricional dos produtos. Comer sem peso na consciência não significa que os quilos extras não vão pesar mais tarde.

A Verdade Sobre as Dietas

08 AS CHAMADAS "GORDURAS DO BEM" ESTÃO TOTALMENTE LIBERADAS, POIS EMAGRECEM

Os cardiologistas passaram a alardear que em contraposição à gordura ruim para a saúde, como a gordura saturada (encontrada na carne, em derivados integrais do leite) e a gordura *trans* (em biscoitos, batata frita, salgadinho de pacote) existe uma "gordura boa", insaturada (no azeite de oliva, abacate, amêndoas); com isso, a insaturada está presente em praticamente todas as dietas. Porém, se consumida em excesso, o efeito pode ser contrário. Bastam mais de quatro punhados de amêndoas e a gordura insaturada, "do bem", vira do mal no organismo. Apesar de serem protetores do coração, os alimentos com gordura insaturada são extremamente calóricos e, sim, engordam.

> "*A combinação entre carboidratos e proteínas promove a sensação de saciedade e a ingestão de menos comida.*"

Prefira sempre as versões integrais, hortaliças e frutas.

Evite açúcar, doces e alimentos preparados com alimentos refinados.

09 DIETA SÓ DE PROTEÍNA OU SÓ DE CARBOIDRATOS MUDA O CORPO

A partir da década de 1990 começaram a surgir dietas chamadas *exclusivas*. Os cardápios dessas dietas – que poderiam ser usados por até 30 dias, no máximo – priorizam só alimentos da família dos carboidratos ou só das proteínas. Há mudança de peso momentânea, porém não dura muito tempo – como as gorduras saturadas são liberadas nestes tipos de regime, há um aumento no colesterol e na pressão arterial, que facilitam justamente o acúmulo de gorduras.

A Associação Americana de Dietas reforça que é a combinação entre carboidratos e proteínas o que promove a sensação de saciedade e a ingestão de menos comida. Não há embasamento científico para se afirmar que comer só um grupo alimentar possa trazer a perda de peso definitiva.

10 GOJI BERRY E TAPIOCA EMAGRECEM

No momento em que escrevemos, o goji berry e a tapioca são os alimentos do momento mais apontados como "emagrecedores". Segundo dizem, o goji berry pode emagrecer até 5 kg em um mês, rejuvenescendo e eliminando celulites. Na verdade, a fruta não emagrece ou elimina a celulite, exatamente. O que ela faz é reduzir a produção das substâncias inflamatórias, e celulite é a inflamação nas células de gordura. Não há evidências de que emagreça, pois uma colher (sopa) dessa fruta possui 50 calorias; então, é bom não abusar.

Quanto à tapioca, ela não tem nada de emagrecedora nem é nutricionalmente melhor do que qualquer outra farinha, principalmente as integrais. A tapioca tem alto índice glicêmico, ou seja, libera a glicose rapidamente na corrente sanguínea com aumento dos picos de insulina, levando ao acúmulo de gordura e à fome. Para diminuir o índice glicêmico, recomenda-se adicionar uma colher de chia para duas de tapioca, aumentando o valor nutricional e a saciedade.

> "A tapioca não emagrece nem é nutricionalmente melhor do que qualquer outra farinha, principalmente as integrais."

10 DICAS PARA FAZER DIETA MANTENDO O BEM-ESTAR

01 Não dê muita atenção a dietas milagrosas que prometem perder muito peso em pouco tempo. Fazer uma dieta assim é "efeito sanfona" na certa!

02 Frutas, iogurtes *light* e biscoitos integrais são bons petiscos, mas não abuse, pois eles também têm uma quantidade de calorias que, se consumidas em excesso, vão se somar às calorias que você já consome ao longo do dia.

03 Não tome água com gás ou outras bebidas gaseificadas, ou mesmo isotônicos (que são mais recomendados para atletas).

04 Se estiver na rua e não puder fazer uma refeição principal, pode apelar para barrinha de cereais, mas fique de olho na informação de calorias contida na embalagem.

05 A OMS recomenda o consumo de pelo menos cinco porções diferentes de frutas ao longo do dia (o equivalente a 400 gramas).

06 Ao preparar uma carne, retire as gorduras visíveis. No churrasco, quando chegar até você aquela "carne pingando gordura", corte fora as partes gordurosas.

07 Prefira os queijos brancos aos amarelos.

08 Evite chocolates, inclusive os *diet*.

09 Há frutas que você pode comer com cascas, como maçã e pera.

10 Morar com pessoas que não seguem sua dieta não é fácil! Entre em acordo com seus familiares, pedindo que eles o ajudem a cumprir suas metas. Quem sabe eles não o acompanham em uma dieta saudável?

Copyright © 2015
by Ediouro Publicações Ltda.

Todas as marcas contidas nesta publicação bem como os direitos autorais incidentes são reservados e protegidos pelas Leis n.º 9.279/96 e n.º 9.610/98.

É proibida a reprodução total ou parcial, por quaisquer meios, sem autorização prévia, por escrito, da editora.

DIRETORIA: Jorge Carneiro e Rogério Ventura; **Diretor Editorial:** Henrique Ramos; **REDAÇÃO: Editor-chefe:** Daniel Stycer; **Editores:** Eliana Rinaldi, Renata Meirelles e Thomas Nieto; **Equipe Editorial:** Maria José Batista, Adriana Cruz, Sandra Ribeiro, Débora Justiniano, Hugo Wyler Filho, Juliana Borges, Lívia Barbosa, Verônica Bareicha, Daniela Mesquita, Dalva Corrêa, Maria Flavia dos Reis e Jefferson Peres; **ARTE:** Leo Fróes, Raquel Soares, Franconero Eleutério, Julio Lapenne, Laércio Costa, Jefferson Gomes, Talitha Magalhães e Raphael Bellem; **Edição e Tratamento de Imagem:** Luciano Urbano, Reinaldo Pires e Cristian Barboza; **Diagramação:** Maria Clara Rodrigues e Evandro Matoso; **Produção Gráfica:** Jorge Silva; **Tecnologia da Informação:** Márcio Marques; **Marketing:** Bernadette Caldas (gerente), Cássia Nascimento, Patrícia Reis, Everson Chaves, Luiza Martins e Jully Anne Costa; **Controle:** William Cardoso e Clayton Moura; **Circulação:** Luciana Pereira, Sara Martins, Wagner Cabral e Alexander Lima; **EDIOURO PUBLICAÇÕES DE PASSATEMPOS E MULTIMÍDIA LTDA.** Rua Nova Jerusalém, 345, CEP 21042-235 – Rio de Janeiro, RJ. Tel.: (0XX21) 3882-8200, Fax: (0XX21) 2290-7185; **Distribuição:** DINAP Ltda. – Estr. Dr. Kenkiti Shimomoto, 1678 – Jardim Conceição, Osasco, SP. Tel.: PABX (0XX11) 3789-3000.

PROJETO E REALIZAÇÃO

CRIATIVO
MERCADO EDITORIAL

PUBLISHER
Carlos Rodrigues
DIRETORA FINANCEIRA
Esilene Lopes de Lima
AUTOR
Dario Chaves
DIREÇÃO DE ARTE
Marcelo Almeida
EDITOR
René Ferri